La Méthode
dans les choses
de la Vie courante

LOGIQUE — PSYCHOLOGIE

I

A PROPOS D'UNE AFFAIRE RÉCENTE
(AFFAIRE DREYFUS)

Par Louis FAVRE

Ingénieur agronome.
Licencié es sciences. Licencié en droit.
Directeur de la " Bibliothèque des Méthodes
dans les Sciences expérimentales ".

PARIS

LIBRAIRIE C. REINWALD
SCHLEICHER FRÈRES, ÉDITEURS
15, RUE DES SAINTS-PÈRES, 15
1899

La Méthode
dans les choses
de la Vie courante

DU MÊME AUTEUR

EN PRÉPARATION

La Méthode

dans les choses

de la Vie courante

LOGIQUE — PSYCHOLOGIE

I

A PROPOS D'UNE AFFAIRE RÉCENTE

(AFFAIRE DREYFUS)

Par Louis FAVRE

Ingénieur agronome,
Licencié ès sciences, Licencié en droit,
Directeur de la " Bibliothèque des Méthodes
dans les Sciences expérimentales ".

PARIS

LIBRAIRIE C. REINWALD

SCHLEICHER FRÈRES, ÉDITEURS

15, RUE DES SAINTS-PÈRES, 15

1899

LA MÉTHODE

DANS LES CHOSES

DE LA VIE COURANTE

INTRODUCTION

S'il est important de bien conduire son raisonnement, de raisonner et d'agir avec méthode, lorsqu'il s'agit de choses scientifiques, il ne l'est pas
moins, lorsqu'il s'agit de choses de la vie courante (1).
Il est important de bien penser et de bien faire
dans la vie courante; il est important d'atteindre
la vérité et de repousser l'erreur. Pour y parvenir,

---

(1) Les choses de la vie courante sont celles que l'homme rencontre dans le cours de la vie, et plus particulièrement celles
qui ne sont pas rangées déjà dans un groupe spécial : on peut, par
suite, opposer les choses de la vie courante aux choses de la science,
que l'on considère comme classées à part.

Les logiciens de Port-Royal, et nombre d'auteurs plus ou moins
anciens, emploient l'expression « vie civile » là où j'emploie l'expression « vie courante ». Cette dernière locution me paraît plus conforme

les moyens à employer sont les mêmes dans la
vie courante que dans la science, de telle sorte que,
en apprenant à connaître la méthode dans les sciences expérimentales, on apprend à connaître la
méthode dans les choses de la vie courante, et ré-
ciproquement.

[Chaque homme n'a qu'un esprit : c'est toujours
avec le même esprit qu'il raisonne, qu'il s'agisse
des choses de la science ou des choses de la vie
courante, et les défauts de son raisonnement —
les erreurs — sont les mêmes dans un cas que dans
l'autre ; mais, comme, lorsqu'il s'agit des choses
de la vie ordinaire, chacun ne porte que peu d'attention à ce qu'il énonce, les produits de son raisonnement sont là moins travaillés, moins parfaits,
que dans le cas des choses scientifiques : les défauts
y sont très apparents, ils sont en quelque sorte
grossis. La pathologie du corps, si l'on peut s'exprimer ainsi, a éclairé bien des points de la physiologie normale, en particulier; et cela précisé-

---

à l'usage actuel que la précédente et que celle de « vie commune »,
usitée pourtant — qui, d'ailleurs, si elle avait été employée dans
le titre de cet opuscule, aurait prêté à la confusion, parce qu'on aurait pu être tenté de l'opposer à « vie particulière » ou « vie indi-
viduelle » ou « vie privée ».

Le titre « la méthode dans les choses de la vie » aurait peut-
être été pris comme synonyme de « la méthode en biologie ».

Le titre « la méthode dans la vie » aurait été compris comme
« la méthode dans l'action ou dans la suite d'actions que la vie humaine comporte », tandis que le présent travail se rapporte à un
objet plus étendu ou plus large, qui est « la méthode dans l'étude
des choses de la vie et dans les actions que comportent les choses
de la vie ».

ment parce que les mêmes phénomènes qui se
passent dans le normal et le pathologique, étant exa-
gérés ou grossis dans le pathologique, y sont facilement observés, et qu'il est ensuite facile de retrouver dans le normal ce qu'on est préparé à y
voir, parce qu'on l'a déjà vu ailleurs. Pour la pathologie de l'esprit, il en est de même ; et le raisonnement dans les choses de la vie courante peut
être considéré, au point de vue de la correction,
comme une forme pathologique, le raisonnement
dans les choses de la science étant la forme normale,
celle qui correspond au fonctionnement le meilleur et le plus régulier de l'appareil : de telle
sorte que, pour bien montrer une erreur du raisonnement scientifique, il est souvent avantageux de
prendre l'exemple en dehors de la science.] (1).

Les méthodes de la science et de la vie sont les
mêmes, mais les exemples qu'on peut choisir, pour
exposer ces méthodes, sont plus clairs, plus frap-
pants — lorsqu'il s'agit de montrer les erreurs et
leur source —, quand on s'adresse aux choses de
la vie; et j'ai pensé qu'il était utile, pour apprendre à bien raisonner dans la vie et dans la science,
de prendre comme exemple dans la vie une affaire importante, une affaire qui ait remué tout
un peuple, et dans laquelle, par suite, les hommes aient pu commettre toutes les erreurs (ou des
erreurs de tous les genres), et au sujet de laquelle

(1) Favre, *Contribution à l'étude de la Méthode dans les Sciences expérimentales*, p. XXIII.

on puisse exposer tout ce qui se rapporte à la manière d'atteindre la vérité et à la manière d'atteindre l'erreur.

[Au point de vue pratique, explorer un champ d'observation est une chose, et éliminer de l'ensemble ce qui est défectueux est une autre chose. Le premier objet est — pour l'étude. qu'on en fait — exclusivement logique; le second emprunte non-seulement à la logique, mais encore à la psychologie, qui montre parfois ou étudie la source, psychologique, des erreurs. C'est par un procédé extensif (ce qu'il faut *faire*), si l'on peut ainsi dire, qu'on atteint la vérité; c'est par un procédé restrictif (ce qu'il faut *ne pas faire*) qu'on repousse l'erreur. Souvent le même homme n'est pas également, apte à l'emploi de ces deux procédés, à ces deux genres de travaux : le savant qui sait imaginer des expériences ou des explications n'est pas nécessairement celui qui sait éviter toute erreur] (1).

Pour ce qui se rapporte à la manière d'atteindre la vérité, on aurait dû répéter textuellement ce qui est dit dans la première partie de la « Contribution à l'étude de la Méthode dans les Sciences expérimentales », et l'on s'est dispensé de le faire. Pour ce qui se rapporte à la manière de repousser l'erreur, il y avait, dans l'affaire dont il est parlé ici, des exemples trop intéressants à donner, trop typiques, pour qu'on puisse se dispenser

---

(1) *Loc. cit.*, p. XXI.

de le faire : il aurait été vraiment dommage de laisser perdre pour l'enseignement de si beaux cas d'erreurs commises.

Cette affaire n'est pas la seule fournie par l'histoire dont on puisse faire une étude intéressante pour ceux qui s'occupent de méthode. Ce n'est pas la seule dans laquelle la raison humaine ait subi une crise grave; ce n'est pas seulement à notre époque et au sujet de cette affaire que la raison humaine a paru sur le point de sombrer, qu'elle a été obscurcie; notre époque n'est pas la seule où l'homme ait été en proie à cet « esprit d'imprudence et d'erreur qui est parfois un funeste avant-coureur » de la démence. D'autres époques d'aberration mentale se sont présentées dans l'histoire, et il serait bon de les étudier au point de vue de la méthode observée dans le raisonnement et dans l'action des hommes, afin d'instruire le savant, et aussi afin de montrer le moyen d'éviter des crises semblables à celles que l'on étudie. Cet opuscule est le premier d'une série, faisant suite à celle de la « Bibliothèque des Méthodes dans les Sciences expérimentales », et dans laquelle on fera l'étude, aux points de vue logique et psychologique, des crises d'aberration mentale qui ont sévi sur tout un peuple.

On étudiera, au point de vue de la méthode, les différentes époques dont il s'agit (celles où les passions, ayant établi leur domination sur l'intelligence humaine, sont parvenues à l'obscurcir plus ou moins complètement), comme si elles étaient

passées depuis longtemps : on s'attachera à les
considérer avec le recul de l'histoire (que les époques ou les affaires examinées soient anciennes ou
récentes), en se dépouillant de toute passion — si
ce n'est celle de la vérité —, en refusant de prendre parti.

Cet opuscule est le premier de ceux où l'on doit
étudier dans l'histoire l'intelligence aux prises avec
des questions qui ont passionné, tout un peuple et
ont laissé des traces dans sa vie. La crise exami-
née ici est celle qui est causée en France par les
faits très nombreux qui gravitent autour de l'affaire de trahison dite communément « affaire
Dreyfus ».

Il importe de traiter logiquement les questions
de logique ou de méthode : il importe de ne pas
faire intervenir dans l'étude les passions ou les
sentiments, qui gâtent tout, qui déforment tout.

Les peuples, comme les hommes, passent par des
points critiques, doivent subir des crises, où leur
intelligence, leur honneur, leur vie même est en
jeu (1) : les uns sombrent, d'autres sortent meurtris

---

(1) Les peuples (si l'on en excepte certains peuples ou certaines
peuplades sauvages) ne meurent pas, à proprement parler : ils chan-
gent d'aspect, de forme intérieure et extérieure, ils perdent la forme
qui leur paraissait propre et qui caractérisait leur individualité;
mais ils se continuent, ou mieux ils continuent à produire des individus qui les représentent, des individus nouveaux qui peuvent ré-
clamer comme ancêtres des individus anciens appartenant au peuple
qu'on dit mort ou disparu. Les Romains ne sont pas morts, ils
se continuent : on serait fort embarrassé pour dire au juste à quelle
époque le peuple romain a disparu ou s'est éteint.

de la crise, d'autres en sortent régénérés. Les hommes qui se sont imposé comme mission de veiller à l'intégrité de la personne intellectuelle et morale et du patrimoine moral de la patrie et de l'humanité doivent, de l'examen attentif de ces crises, tirer un enseignement qui leur permettra d'éviter des crises nouvelles, ou, tout au moins, de les rendre bénignes. De l'étude approfondie et à la fois élevée des faits, de l'étude des phénomènes pathologiques, pourrait-on dire, que ceux-ci montrent, ces hommes sauront tirer une thérapeutique et une prophylaxie : ainsi, la maladie qui atteint la presque totalité des hommes aura eu quelque avantage, grâce aux efforts de quelques-uns.

L'étude de la méthode telle qu'on doit la comprendre tient à la fois à la logique et à la psychologie. La logique étudie le raisonnement parfait et l'erreur parfaite ou commise : elle ne fait pas assister à l'éclosion, à l'évolution du raisonnement qui se parfait. La psychologie nous fait voir comment naît le raisonnement, d'où il vient, comment il se développe pour arriver à l'état parfait, elle nous fait voir le raisonnement en voie de formation ou en cours de fabrication. La psychologie nous montre le travail du raisonnement dans chaque esprit; la logique nous montre le raisonnement sous une forme impersonnelle et projeté, pour ainsi dire, en dehors de l'esprit. La logique nous fournit comme une

---

Les langues ne meurent pas non plus, à proprement parler, non plus que bien d'autres éléments de la vie en société

anatomie.— et parfois une physiologie — du raisonnement ; la psychologie nous en montre l'embryologie ou l'embryogénie, elle nous fait voir, non
pas le raisonnement parfait, mais le raisonnement
en voie de formation, raisonnement qui peut s'arrêter
à un stade où la forme est imparfaite. La logique
nous montre parfois l'erreur toute formée ; la psychologie nous montre la source de l'erreur, le
germe de l'erreur, et elle nous fait voir le développement du germe et la façon dont la source produit
le courant de l'erreur.

La psychologie éclaire l'embryologie du raisonnement, mais elle éclaire encore sa pathologie et sa
tératologie : elle nous permet de déterminer une
thérapeutique et une prophylaxie du raisonnement,
parce qu'elle nous montre la cause de ses déformations, de ses arrêts de développement, de ses dé-
viations.

L'embryologie des êtres vivants est utile pour la
pleine connaissance de leur anatomie, de leur
physiologie et de leur tératologie, et même de leur
pathologie, de leur thérapeutique et de leur hygiène.
L'embryologie du raisonnement, si l'on peut ainsi
parler, est utile aussi à la connaissance de l'anatomie, de la physiologie, etc. du raisonnement ; et c'est
pour cela qu'on ne manquera pas de demander
parfois à la psychologie des éclaircissements sur
certains points de méthode.

Il y a une logique et une psychologie du raisonnement, qui s'éclairent mutuellement. La logique
nous apprend à bien conduire notre raisonnement ;

la psychologie nous apprend à connaître les sources psychologiques de nos erreurs, et, en le faisant, elle nous met en mesure d'éviter l'erreur. L'erreur doit être étudiée là où elle est le plus facilement perçue, là où elle est le mieux ou le plus nettement caractérisée, c'est-à-dire dans la vie courante ou dans les raisonnements de la vie courante. Lorsque l'homme de science aura observé là des erreurs et des causes d'erreur, il sera prêt à retrouver les mêmes dans les raisonnements qui se rapportent à des choses de science, et le profit qu'il tirera de son étude sera sensible.

Les erreurs commises dans les choses de la vie courante sont d'autant plus instructives qu'elles sont commises en même temps par un plus grand nombre de personnes et par des personnes plus intelligentes. La psychologie des foules a déjà montré bien des choses intéressantes, se rapportant surtout aux sentiments et aux émotions : la psychologie des foules doit nous indiquer ce qui se rapporte au raisonnement des foules, et nous montrer comment le raisonnement que chacun trouverait mauvais, s'il était seul à le faire, il le trouve bon, quand il fait lui-même partie d'une foule. La mentalité des foules est faible ou peu élevée : on a montré que les sentiments des foules étaient souvent, mais non toujours, moins bons que ceux de chacun des individus qui les composent, qu'un homme donné vaut moins, au point de vue des sentiments, lorsqu'il fait partie d'une foule que lorsqu'il est seul ; on peut dire aussi qu'un homme donné vaut moins — beaucoup moins —, au

point de vue du raisonnement, lorsqu'il fait partie
d'une foule que lorsqu'il est seul. Le raisonnement
des partis, ou des foules (quel que soit le nom qu'on
leur donne) est en général fort mauvais.

Bien que je considère l'affaire Dreyfus comme
empruntée à l'histoire, je ne l'étudierai pas histori-
quement, je n'étudierai pas son développement
dans le temps : ce qui nous intéresse ici, c'est ce dont
la méthode en général peut tirer quelque profit,
c'est l'étude des questions qui peuvent éclairer certains points de méthode ; aussi traiterai-je ici, non
l'affaire même, mais quelques chapitres de méthode
contenant des exemples empruntés à l'affaire.
(D'ailleurs, j'ai vu tant de gens que je tenais pour
raisonnables déraisonner sur le sujet, sur l'affaire,
que j'ai tout lieu de craindre que, si je l'abordais,
on doive me ranger au nombre de ceux qui dérai-
sonnent).

Quoique je ne traite pas l'affaire Dreyfus, j'aurai parfois à faire allusion à certains points de cette
affaire. Il est bon, par suite, que j'indique les sources où j'ai puisé mes renseignements, et les précautions que j'ai prises pour éviter l'erreur (que je
n'aurai pourtant pas évitée complètement, puisque
je suis homme).

Je me suis demandé si mon caractère était tel que
l'influence des passions sur le raisonnement fût ré-
duite chez moi, je ne dis pas à zéro, mais à une valeur très faible. Je me suis demandé, aussi souvent
que j'ai pu, si je n'avais pas, sur le point particu-

lier dont je m'occupais, une idée préconçue qui pouvait peser sur mon jugement, et si je n'avais pas aussi une idée préconçue sur la culpabilité ou l'innocence du condamné (je crois fort avoir évité cette cause d'erreur). J'ai lu à peu près chaque jour, depuis près d'un an, les journaux des deux partis, afin d'y voir comment chacun exposait les faits; et aussi comment il les interprétait : je n'ai cru le dire ni d'un journal, ni de l'autre; et j'ai tâché toujours de me faire une opinion personnelle (1), quand les éléments me paraissaient suffisants, et j'ai tâché de ne me faire aucune opinion, quand les éléments me paraissaient insuffisants. Je me suis procuré les documents officiels, lorsqu'il en était donné; et quand je lisais ces documents, j'admettais (jusqu'à preuve du contraire) que leur texte représentait exactement ce qui avait été dit ou écrit, mais non ce qui existait réellement : si, par exemple, le texte notait une affirmation, je pensais que l'affirmation avait été réellement faite, mais non que la chose affirmée existait réellement.

Parmi les documents officiels, je n'ai à signaler que ceux donnés par le *Journal officiel de la République Française* (en particulier dans le numéro du 8 Juillet 1898), et ceux contenus dans le *compte rendu sténographique in extenso du procès Zola*, publié par le journal *le Siècle* et paru, en deux volu-

---

(1) Je n'ai jamais cherché à adopter l'avis d'un autre, bien que je sache que celui qui ne s'efforce pas d'être de l'avis des autres risque fort d'être seul de son avis.

mes, à la librairie Stock. Je considère ce compte rendu comme officiel et comme exact, voici pourquoi : j'ai vérifié, dans la mesure où il était possible de le faire, son exactitude (il ne suffit pas qu'un document soit intitulé *compte rendu sténographique* pour qu'il représente exactement ce qui a été dit). J'ai assisté aux quinze audiences du procès Zola (1), sauf à la quatrième : dès le lendemain de l'audience, alors que ma mémoire était assez fraîche encore, je lisais le compte rendu sténographique publié, et je pouvais constater qu'il reproduisait exactement (si ma mémoire était assez fidèle) ce qui avait été dit. Depuis, j'ai pu constater la correspondance exacte entre un certain nombre de passages du compte rendu sténographique paru en volumes et les passages correspondants du compte rendu sténographique paru dans les journaux le lendemain des audiences. Néanmoins, je ne considère cette sténographie comme le compte rendu exact de ce qui a été dit à la Cour d'assises que jusqu'à preuve du contraire.

Malgré toutes les précautions que j'ai prises pour ne pas commettre d'erreur, j'ai dû en commettre. Malgré tous les efforts que j'ai faits pour me renseigner exactement, je ne puis affirmer avec une probabilité

---

(1) Pendant la plupart des audiences, je me suis trouvé placé devant les témoins et à quelques pas d'eux, ce qui me permettait, entre autres choses, de suivre pendant leur déposition les mouvements de leur physionomie (mouvements qui, parfois, comptent parmi les éléments qui servent à juger la vérité d'une déposition).

suffisante pour me permettre d'en parler que deux
des faits importants qui se rattachent à l'affaire (1) :
1° un dossier a été communiqué secrètement, en
chambre du conseil, aux juges du conseil de guerre
de 1894 (j'attribue à cette affirmation une probabilité
d'environ 95 % ou $\frac{95}{100}$); 2° le bordereau incriminé
— ou, mieux, dont l'auteur est incriminé — a été
écrit par M. Esterhazy (j'attribue à cette affirmation une probabilité d'environ 90 %) (2).

Je dois dire sur quoi je me base pour affirmer ces
probabilités.

I. — Un dossier a été communiqué secrètement
aux juges du conseil de guerre de 1894.

1° Le général Billot, ministre de la guerre, appelé
à s'expliquer devant le Parlement sur la communication de ce dossier, a refusé de répondre. Or, s'il
avait pu répondre que la communication n'avait pas
été faite, il l'aurait fait, pour les raisons que voici :
d'abord, cela aurait calmé les inquiétudes d'un
grand nombre de citoyens (même de ceux qui étaient
de son parti), et lui aurait permis d'arrêter une campagne qui, juste ou injuste au fond, compromettait
les intérêts matériels immédiats du pays; ensuite,
cela profitait aux intérêts de son parti, puisque, par
sa réponse, il faisait tomber une accusation por-

---

(1) Au sujet d'un certain nombre d'autres points, je pourrais affirmer une opinion avec une probabilité de 60 à 70 0/0. Cette probabilité ne me paraît pas suffisante.

(2) J'attribue à l'affirmation de ma propre existence une probabilité d'environ 99 0/0.

tée contre quelques membres importants de son parti.

2° Le général Mercier, ancien ministre de la guerre, appelé à s'expliquer à la Cour d'assises sur la communication de ce dossier, a refusé de répondre. Or, s'il avait pu répondre que la communication n'avait pas été faite, il l'aurait répondu, pour les mêmes raisons que celles qui devaient toucher le général Billot. Son refus de répondre équivaut à un aveu indirect.

Voici la déposition du général Mercier (*procès Zola*, tome I, p. 171).

M⁰ LABORI. — Je réponds : Si on s'était vanté comme depuis, en 1894, et dans les quelques jours qui précédèrent le jugement en revision, d'avoir communiqué une pièce secrète, alors on eût pu faire valoir le moyen, mais ce moyen n'a pas été connu, ce n'est que depuis qu'on l'a ouvertement, répété…. M. le général Mercier lui-même, avec son honneur de soldat, ne dira pas que ce n'est pas vrai, mais il dira qu'il ne peut pas répondre.

M. LE GÉNÉRAL MERCIER. — Pardon, je dis que ce n'est pas vrai (*Applaudissements et sensation*).

M. LE PRÉSIDENT. Le public va encore m'exposer à le faire sortir.

M⁰ LABORI. — Je demande la permission de bien préciser la question : M. le général Mercier dit-il — je ne suis pas sûr d'avoir bien compris — **M. le général Mercier dit-il qu'il n'est pas vrai qu'une pièce secrète ait été communiquée?** ou M. le général Mercier dit-il qu'il ne l'a répété à qui que ce soit? Je le prie de ne pas laisser d'équivoque dans sa réponse.

M. LE GÉNÉRAL MERCIER. — **Je n'ai pas à répondre à la première question** (*mouvements divers*); mais en ce qui concerne la seconde, je dis que ce n'est pas exact.

M. LE PRÉSIDENT. — Vous avez quelque chose à ajouter, général?

M. LE GÉNÉRAL MERCIER. — Monsieur le président, je n'ai pas à revenir sur le procès Dreyfus; mais si j'avais à y revenir, puisqu'on me demande ma parole de soldat, ce serait pour dire que Dreyfus est un traître qui a été justement et **légalement** condamné (*Bruits.* — *Applaudissements*).

Ici une remarque. Certains pourraient être tentés de croire que, si le général Mercier ne répond pas à la question de savoir si une pièce secrète a été communiquée, ce n'est pas parce qu'il ne peut répondre « non », mais bien parce qu'il ne peut répondre quoi que ce soit sans violer un secret quelconque (secret d'État, secret professionnel ou autre secret). Cette seconde raison n'est pas la bonne, parce que ce secret il le violerait en disant que Dreyfus a été légalement condamné (ce qui, d'ailleurs, est la même chose que dire qu'il n'y a pas eu de pièce secrètement communiquée). Pourquoi donc, diront certains, le général Mercier répond-il que Dreyfus a été légalement condamné, et ne veut-il pas répondre (ce qui est pourtant la même chose, dans l'espèce) qu'aucune pièce secrète n'a été communiquée? C'est, me semble-t-il, parce qu'en disant : « Dreyfus a été légalement condamné », il peut ajouter la restriction mentale « dans la mesure où il était possible de le faire sans compromettre les intérêts du pays », et qu'il ne peut faire la même restriction mentale dans le cas de l'autre réponse. Je donne cette explication pour ce qu'elle peut valoir : j'en attends une meilleure.

3° M. Cavaignac, ministre de la guerre, a lu, à la tribune de la Chambre des députés, deux pièces à charge contre Dreyfus et qui étaient parvenues au ministère en 1894, avant le jour de la condamnation, semble-t-il.

Cette preuve de la communication, qui a été acceptée comme décisive même par ceux qui veulent que Dreyfus soit coupable, ne me paraît pas absolument probante. En effet, s'il est fort vraisemblable qu'on ait communiqué aux juges du conseil de guerre toutes les pièces à charge contre l'accusé, cela n'est pas absolument certain, et M. Cavaignac aurait pu lire ces documents à la Chambre des députés sans qu'ils aient été vus dans la chambre du conseil de guerre.

4° M. Cavaignac, ministre de la guerre, appelé à s'expliquer à la Chambre des députés sur l'affaire Dreyfus, n'a pas dit que cette communication n'avait pas eu lieu. Il avait les mêmes raisons que le général Billot et le général Mercier pour dire qu'on n'avait rien communiqué secrètement, si cela avait été vrai.

5° Le consentement universel dit ou admet que cette communication a été faite. Je crois que tous les citoyens — ou à peu près —, qu'ils appartiennent à l'un ou à l'autre parti, admettent aujourd'hui la réalité du fait. Le consentement universel n'est pas en général une bien bonne raison, et, quoique dans les questions du genre de celle qui nous occupe il ait plus de valeur que dans les questions scientifiques, je n'en fais pas grand cas.

6° M. Salles n'a pas nié le propos que M. Demange lui attribue, propos dans lequel M. Salles aurait dit à M. Demange qu'un juge du conseil de guerre lui avait parlé de cette communication. Or, M. Salles a fait savoir, par une lettre rendue publique, qu'il réprouvait fort la campagne menée en faveur du condamné : si donc il avait pu nier le propos, il l'aurait fait, dans l'intérêt de son parti, il l'aurait fait dans la même lettre. Il ne l'a pas nié, sans doute parce qu'il ne pouvait pas le faire sans mentir.

7° M. Stock fit, le 19 février 1898, devant la Cour d'assises, la déposition suivante :

M. Stock. — De plus, je sais par l'indiscrétion d'un membre du conseil de guerre que, non pas une, mais **des pièces secrètes ont été communiquées** en dehors de l'accusé et de son défenseur, je puis en énumérer...

M. le président. — Non, c'est inutile; nous n'avons pas le droit de parler de l'affaire Dreyfus.

M. Stock. — **Je puis énumérer quatre de ces pièces,** si l'on veut.

8° L'acte d'accusation nous montre trop peu de charges précises contre l'accusé, pour qu'on puisse penser que l'unanimité des juges les a trouvées suffisantes, lorsqu'il s'est agi de condamner Dreyfus.

Les experts en écriture ont, il est vrai, conclu que le bordereau accusateur avait été écrit par Dreyfus, mais ils n'étaient que trois sur cinq à donner cette conclusion. Il me paraît difficile d'admettre que l'unanimité des juges ait trouvé cela suffisant pour se former une conviction absolue et déclarer coupable du plus grand des crimes l'accusé.

II. — Le bordereau incriminé a été écrit par M. Esterhazy. J'ai, pour le croire, les raisons que voici :

1° J'ai le dire des experts en écriture du conseil de guerre de 1898 qui a jugé M. Esterhazy. Ce dire n'est pas officiellement connu ; mais ces experts, ayant eu l'occasion de contester le contenu des conclusions qu'on leur attribuait, ne l'ont pas fait. Ces experts auraient reconnu que l'écriture du bordereau était semblable à celle de M. Esterhazy (mais ils auraient ajouté que cela provenait de ce que celui qui avait écrit le bordereau l'avait fait en décalquant des mots empruntés à des écrits de M. Esterhazy).

2° J'ai fait moi-même l'examen des écritures, en empruntant les textes à des fac-similés. Cette raison ne vaut pas grand'chose.

3° J'ai suivi et étudié avec grand soin les démonstrations faites par tous les experts qui ont bien voulu parler sur ce sujet.

Ceux qui ont parlé n'ont eu, il est vrai, que des fac-similés du bordereau, et leur démonstration ne vaut que pour les objets qu'ils ont étudiés. L'écriture du fac-similé du bordereau qui a paru dans « le Matin » est semblable ou identique à celle de M. Esterhazy ; mais, si l'écriture de l'original est différente de celle du fac-similé, la démonstration qui nous occupe n'a aucun intérêt, puisqu'on ne peut tirer aucune conclusion touchant l'original. L'écriture du fac-similé est-elle différente de celle de l'original ?

Le fac-similé a été obtenu par un procédé dérivé de la photographie. La photographie a-t-elle pu modifier l'écriture? Oui, la photographie et les procédés qui ont concouru à la reproduction peuvent fort bien modifier certains caractères de l'écriture, comme l'épaisseur des traits, par exemple : par suite, celui qui aurait basé son expertise d'écriture et ses conclusions sur l'épaisseur des traits aurait fait (s'il avait travaillé sur un fac-similé) un travail absurde; mais il y a certains caractères de l'écriture — comme la direction des traits — que les procédés de reproduction employés n'ont pu modifier. Si mauvaise que soit la photographie, elle ne fera pas que le trait qui se dirige vers la gauche dans l'original se dirige vers la droite dans la reproduction. Si donc on base l'expertise sur la direction des traits, et sur les autres caractères qu'une reproduction, même mauvaise, ne peut altérer, l'expertise peut garder sa valeur.

D'ailleurs, il était bien facile aux experts jurés, si les caractères sur lesquels se basait l'analyse des experts non jurés étaient altérés dans le fac-similé, il leur était bien facile, dis-je, de faire tomber la démonstration, en disant ceci, par exemple, aux experts non jurés : « Vous basez votre démonstration en particulier sur la direction de tel trait de telle lettre! moi, qui ai vu l'original, j'affirme que ce trait, qui se dirige vers la gauche dans le fac-similé, se dirige vers la droite dans l'original ».

L'écriture du bordereau étant celle de M. Esterhazy, il serait possible logiquement qu'il eût été

écrit par une autre main que celle de M. Esterhazy,
si cette autre main avait calqué des mots de l'écriture
authentique de M. Esterhazy. Pratiquement, il y a à
considérer les impossibilités, ou quasi-impossibilités,
psychologiques qui auraient empêché le condamné
Dreyfus, par exemple, de calquer l'écriture de M. Esterhazy. Je n'insiste pas sur ces quasi-impossibilités.
Il y a aussi les quasi-impossibilités matérielles ; car il
aurait fallu au décalqueur une connaissance consom-
mée des écritures ou de l'expertise en écriture, pour
arriver à prendre où il faut, pour les calquer, par
exemple les mots de la fin des lignes (qui sont précisément des mots ayant la forme de ceux qui doivent être à la fin des lignes) ; il aurait fallu en même temps au décalqueur une habileté extraordinaire
pour donner à cette écriture décalquée l'apparence
d'une écriture courante.

D'ailleurs, l'hypothèse du décalque ne suffirait pas
à expliquer comment la langue ou le style du bordereau serait précisément celui de M. Esterhazy, ou
tout au moins un style qui ressemblerait fort au
sien, tandis qu'il serait différent de celui du condamné. Il faudrait, pour le comprendre, supposer
que le décalqueur a, avant de décalquer les mots,
composé un texte conforme au style de celui dont
il voulait décalquer l'écriture.

Le décalqueur serait donc un homme qui aurait
(en dehors des qualités de traître, que tout le monde
ne possède pas) la connaissance la plus profonde
des écritures ou de l'expertise en écriture, en même
temps que l'habileté là plus grande de scripteur —

ou de graveur —, et une connaissance approfondie des finesses de la langue ou de l'expertise philologique. Aussi bien pour l'écriture que pour la langue, il devrait avoir les qualités nécessaires pour savoir ce qu'il doit faire afin de tromper, et les qualités nécessaires pour le réaliser. Ce serait beaucoup de qualités réunies dans un seul homme!

D'ailleurs, le bordereau peut avoir été écrit par Esterhazy sans que celui-ci soit un traître (ici p. 131).

Je dois ajouter qu'il importe peu, dans ce travail, que les faits même de l'affaire soient bien établis. Il s'agit ici de science, ou de méthode, et non de polémique. Les indications qu'on pourra fournir touchant la méthode, les raisonnements qu'on pourra faire, seront aussi bons (ou aussi mauvais) si les faits qu'on suppose donnés sont exacts que s'ils ne le sont pas : lorsqu'on dit en mathématiques « je suppose donnés tels objets, telles grandeurs et telles conditions, et j'en déduis telle solution », peu importe, pour la justesse du problème ou de la solution, que ce qu'on suppose donné existe réellement dans la nature ou n'existe pas.

Les renvois tels que celui-ci, par exemple [p. 449], où l'on trouve entre parenthèses simplement l'indication d'une page, disent qu'il faut se reporter à la « contribution à l'étude de la Méthode dans les Sciences expérimentales », et à la page indiquée.

Ce travail a été rédigé, d'après des notes plus ou moins anciennes, en fin Septembre et commencement Octobre 1898, c'est-à-dire avant que la Cour de Cassation ait fait connaître certaines parties des dossiers qu'elle avait eu à examiner,

LA MÉTHODE EXPÉRIMENTALE.

Les manières de raisonner que l'homme peut employer sont toujours les mêmes : il fait usage de la déduction et de l'induction dans les sciences purement rationnelles (les mathématiques pures), dans les sciences expérimentales, et dans les choses de la vie courante. Cependant, dans les sciences mathématiques, on fait surtout usage de la déduction, dans les sciences expérimentales et dans les choses de la vie courante on fait surtout usage de l'induction.

Par suite, en exposant la méthode employée dans les sciences expérimentales, on expose la méthode employée (ou qui devrait être employée) dans les choses de la vie courante. La différence que l'on peut observer dans les deux objets ne se trouve guère que dans les détails d'application, et on la rendra apparente surtout en choisissant des exemples empruntés, dans un cas aux sciences expérimentales, dans l'autre cas aux choses de la vie courante. Les règles générales sont les mêmes, et, pour leur exposé, je ne puis que me référer à ce qui a été dit dans la « contribution à l'étude de la Méthode dans les Sciences expérimentales » [Hypothèses, p. 35. — Explication, p. 75. — Ce qu'on recherche, p. 176. — Cause et effet, p. 186. — Pour instituer les expériences. Pour tirer les conclusions, p. 218. — Instruments, p. 255]. On s'occupera surtout ici des détails d'application, des difficultés que l'on rencontre dans l'usage de la méthode, et particulièrement des causes d'erreur, qui prennent une importance si grande lorsqu'il s'agit de l'étude des choses de la vie courante.

On doit traiter ici les points qui ont le plus d'importance pour l'objet qui nous occupe, et ce sont les causes d'erreur qui font que le raisonnement n'aboutit pas à son but logique, la découverte de la vérité et le réjet de l'erreur. Dans les sciences, il faut s'occuper surtout de rendre l'esprit actif, de le lancer à la découverte de la vérité ; il faut indiquer à l'esprit paresseux ou défiant les méthodes actives d'étude : on indique surtout ce qu'il faut *faire*. Dans les choses de là vie courante, il faut surtout s'occuper de rendre l'esprit défiant, de le retenir sur la pente de l'erreur, où il s'engage toujours facilement ; il faut indiquer à l'esprit agité et aventureux les méthodes passives d'étude : on indique surtout ce qu'il faut *ne pas faire*. Dans ce cas, « ce ne sont pas des ailes qu'il faut attacher à l'esprit humain, mais du plomb ».

La division de la méthode expérimentale en deux parties, comprenant, l'une, les indications qui se rapportent à ce qu'il faut faire, l'autre, les indications qui se rapportent à ce qu'il faut ne pas faire, a surtout une valeur pratique. Cependant, même lorsqu'on la considère au point de vue pratique, elle n'est pas toujours facile à appliquer d'une façon rigoureuse. Il nous suffit qu'elle soit très souvent commode pour l'étude.

La méthode expérimentale, dans la partie active, comprend un certain nombre d'opérations, qui doivent être faites dans un ordre déterminé. Il faut observer les faits, imaginer les hypothèses qui peuvent les expliquer, instituer les expériences qui permettront de choisir entre les hypothèses explicatives, tirer les conclusions, en employant la généralisation et l'induction. Toutes les recherches de science expérimentale et de la vie courante se réduisent à la recherche des causes et des effets, et des lois qui leur commandent, à l'étude des causes de tel effet donné ou des effets (réels ou possibles) de telle cause donnée. L'action se base toujours, inconsciemment quelquefois, sur la recherche préalable de causes ou d'effets. Et c'est par le moyen des opérations précédentes que l'on arrive à tirer avec justesse les conclusions qui se rapportent au sujet qu'on étudie, conclusions qui peuvent fournir un principe ou un motif d'action dans tel sens ou dans tel autre.

L'observation doit être faite avec soin, avec précision, avec des sens exercés, et avec des instruments assez bien imaginés et construits pour que l'indication qu'ils donnent soit bien celle qu'on leur demande.

Les hypothèses doivent être aussi nombreuses que possible, afin que l'on ait le plus de chances possible de tenir l'hypothèse juste parmi celles que l'on examine, et entre lesquelles on va faire un choix.

Les expériences doivent être instituées de manière à réaliser la coïncidence solitaire — ou de manière qu'on se rapproche de la coïncidence solitaire —, afin qu'on ait le droit de tirer telle ou telle conclusion.

La méthode expérimentale, dans la partie qui pourrait, en un certain sens, être dite négative ou passive, comprend l'application d'un certain nombre de règles de prudence, dérivées toutes de la crainte de l'erreur, qui est, pour le savant, le commencement de la sagesse.

Ces règles veulent, en particulier, que l'homme ne parle que de ce qu'il connaît, et n'affirme rien de plus qu'il ne sait; qu'il prenne garde aux questions mal posées; qu'il ne se laisse pas entraîner par les passions (qu'elles soient en elles-mêmes bonnes ou mauvaises); qu'il se défasse de tout préjugé ou de toute idée préconçue dominatrice ; qu'il ne se laisse pas tromper par les mots, qui l'empêcheraient de voir les choses; qu'il bannisse de son discours l'injure, dont la place n'est pas dans le domaine de la raison; qu'il sache, et se répète constamment, qu'il est faillible, et que la qualité qu'il a d'être faillible lui interdit de repousser jamais la contradiction qui prétend lui apporter la preuve de son erreur.

Observer ces règles, c'est avoir l'*esprit critique*, qu'on nomme aussi quelquefois *esprit scientifique* — en particulier, lorsque celui qui le possède sait, non seulement éviter l'erreur, mais encore découvrir la vérité.

EXPLICATION (*comme si*) [p. 75]
UNE SEULE EXPLICATION POSSIBLE [p. 388]
LE FAIT ET SON EXPLICATION [p. 393]

[On dit qu'une proposition explique un fait, lorsqu'on peut, en partant des données de la proposition, déduire rigoureusement le fait.

On dit que des conditions (présence et action mutuelle de quantités déterminées d'énergie, de matière et d'éther) expliquent un fait, lorsqu'on peut, en partant de ces conditions comme données, déduire rigoureusement le fait.

Le type idéal de l'explication scientifique est l'explication dynamique, qui permet, étant données deux composantes angulaires, de déduire la résultante.

La forme la plus générale du problème de l'explication recherchée dans le domaine des sciences expérimentales est celle-ci : Étant donné un phénomène (résultat), déterminer les conditions qui l'ont produit.

L'exemple, pris dans la mécanique, de la résultante expliquée par les composantes — côtés du parallélogramme dont la résultante est la diagonale —, a été choisi à dessein, pour plusieurs raisons. D'abord, cet exemple est très net pour tous; ensuite, pour un grand nombre de personnes, tous les phénomènes de la nature se réduisent au phénomène mécanique (1), et alors, expliquer le phénomène mécanique, c'est expliquer tous les phénomènes de la nature ou préparer leur explication. Ensuite encore, cet exemple nous montrera avec netteté un fait que l'on n'est pas généralement disposé à admettre, à tel point que même des gens de science — qui savent déjà ou, sont préparés à accepter l'énoncé que nous devons donner — raisonnent cependant comme s'ils ne l'admettaient pas, lorsqu'ils disent : « pour tel phénomène, il n'y a pas d'autre explication possible que celle donnée ».

Soyons moins obscur.

Dans le parallélogramme des forces, la résultante (qui est connue ou donnée dans la formule générale du problème explicatif ou de la recherche de l'explication) est expliquée par les composantes, représentées, en grandeur et en direction, par les côtés du parallélogramme (2). Or, la résultante R, donnée en grandeur et en direction, peut être la diagonale d'un nombre mathématiquement infini

---

[(1) Nous n'avons pas ici à prendre parti sur le fond même de la question. Qu'il nous suffise de dire que les choses semblent se passer *comme si* il en était ainsi.

(2) On pourrait dire d'une façon plus claire :

La force résultante donnée (et représentée par la diagonale du parallélogramme) est expliquée par la présence et l'action des forces composantes (représentées en grandeur et en direction par les côtés du parallélogramme).]

de parallélogrammes : dans chacun de ces parallélogrammes, les côtés du parallélogramme expliquent
également, par définition, la résultante.

L'indétermination du problème est restreinte
(bien que le nombre des solutions soit encore infini),
si l'une des deux composantes est nécessairement
déterminée d'avance en grandeur ou en direction.
Si la nature de la résultante nécessite dan. les composantes certaines qualités déterminées, le nombre
des solutions satisfaisant au problème se trouve
réduit.

En résumé, le problème de la recherche de l'explication ou de la cause sous sa forme la plus générale
a un nombre de solutions infini (s'il est permis de
parler de nombre infini). Dans la nature, les composantes étant astreintes à certaines conditions,
le nombre des solutions explicatives — le nombre
des explications — d'un phénomène donné n'est
pas, en principe, mathématiquement infini, il n'y
a qu'un nombre limité d'explications *possibles* d'un
même phénomène. Et il n'y a, dans chaque cas
particulier, qu'une seule explication *vraie* du phénomène observé.]

[Dans les sciences expérimentales (les mathématiques appliquées y comprises), où l'on ne connaît
jamais qu'une partie des éléments constituant le
phénomène — et où, par conséquent, on ne peut
être certain d'avoir trouvé dans l'explication donnée
la seule qui rende compte de ces éléments ou détails
inconnus —, si l'on dit que l'explication donnée
est la seule possible, on émet une affirmation gra-

tuite, qui peut être tôt ou tard démentie par l'expérience. En fait, l'histoire des sciences nous montre que nombre de ces explications qui avaient été données — par leurs inventeurs ou par ceux qui avaient cru devoir défendre les idées de ceux-ci — comme les seules possibles, ont disparu aujourd'hui du domaine de la science, parfois en n'y laissant rien autre que l'exemple d'une erreur à éviter, parfois en laissant quelque chose de plus, un mot ou quelques mots, que l'explication ou la théorie explicative avait dû forger pour la commodité de l'exposition.

Quand un homme trouve une explication suffisamment adaptée à la manière dont se passe un phénomène, c'est-à-dire en concordance suffisante avec ce que l'expérience — incomplète, toujours restreinte — montre dans ce phénomène, il est tenté de croire que, du moment qu'elle est seule existante, elle est seule possible. Il le croit, d'abord parce que l'amour-propre d'inventeur l'y pousse, ensuite parce qu'il admet *à priori* que, s'il y avait une autre explication possible, elle se serait présentée à son esprit en même temps que la première. La tendance manifestée par ce fait représente un cas particulier de la tendance générale qui porte à croire que ce que l'on ne voit pas ou ne perçoit pas n'existe pas. Cette tendance, bien qu'elle conduise à des conséquences que la science est souvent venue infirmer, existe toujours et agit constamment sur la généralité des esprits, jusqu'au moment où, pour chaque cas spécial, la conclusion est démontrée fausse : tant que la conclusion n'est pas infirmée dans tel cas déterminé, l'homme agit ou parle comme si elle était confirmée.

C'est cette tendance générale qui fait employer des expressions comme celles-ci : « Il n'y a pas d'autre explication possible. » — « On ne peut voir dans le phénomène autre chose que cela » — « Il n'y a pas de raison pour... » — etc. On ne voit pas de raison pour qu'il en soit d'une autre manière, et on affirme qu'il n'y en a pas d'autre, comme si les raisons des choses ne pouvaient exister qu'à la condition d'être connues de l'homme. Le connu et le réel sont deux choses différentes et indépendantes. Le fait d'affirmer qu'une seule explication est possible ne prouve rien.]

[On est habitué — dans la vie courante, et parfois dans la science — à mettre et à voir entre le *fait* et son *explication* un lien qui ne s'y trouve pas naturellement.

Le fait est en dehors de l'homme (en principe); l'explication est d'origine humaine.

Les faits existent dans la nature indépendamment de l'homme : les phénomènes de pesanteur, de chaleur, de lumière, etc. ont existé avant que l'homme naisse — par conséquent, avant qu'ils aient été expliqués par l'homme —; ils ont existé encore tels qu'ils sont, quand on les a expliqués mal; ils existeront toujours, qu'on les explique bien ou mal.

Un phénomène ne se produit pas dans la nature parce que l'homme peut l'expliquer ou ne le peut pas, parce qu'il l'explique bien ou l'explique mal.]

Celui qui n'est pas rompu à la pratique de la Méthode expérimentale et qui, croyant que le même effet est toujours produit par la même cause, veut remonter directément d'un effet donné à la seule cause possible, est sujet à se tromper gravement et fréquemment. Lorsqu'il a trouvé une cause ou imaginé une explication d'un fait, il refuse d'examiner les autres explications qu'on peut lui présenter; car il est convaincu que toutes les autres sont absurdes, puisqu'il n'y en a qu'une seule possible [Hypothèses, p. 35 et suiv. — Explication, p. 75 et suiv. — Cause et effet, p. 186 et suiv.]. C'est ce que l'on observe dans toutes les polémiques, et en particulier dans celles qui se rapportent à l'affaire Dreyfus : chaque parti a ses explications et il dédaigne celles du parti adverse.

L'homme de science, au contraire, celui qui s'occupe de sciences expérimentales tout au moins, sait qu'il y a plusieurs explications possibles pour un même fait : aussi, lorsqu'il en a trouvé une, il en cherche d'autres, et il est tout disposé à examiner celles que d'autres chercheurs peuvent apporter, quels que soient ces chercheurs. Lorsqu'une recherche désintéressée, bien conduite et suffisamment longue a fait trouver plusieurs explications possibles, l'homme de science pèse les vraisemblances de chacune, et il fait un choix (qui est toujours provisoire) entre elles.

Le rapporteur du procès Dreyfus de 1894, en particulier, ne semble pas s'être rendu compte de l'importance qu'il y avait à observer les indications données ici et qui se rapportent à la méthode d'interprétation. L'acte d'accusation tire argument, par exemple, de ce que l'accusé Dreyfus se trouble en écrivant une lettre dans laquelle sont énumérés les documents figurant dans le bordereau incriminé. L'explication qui consiste à admettre que l'accusé Dreyfus est coupable et que c'est pour cela qu'il se trouble est à examiner; mais celle qui consiste à admettre qu'il est innocent est aussi à examiner. Ce n'est qu'après avoir examiné les deux hypothèses que l'on fera un choix.

A peu près toute l'argumentation de l'acte d'accusation est présentée suivant la même méthode, ou avec le même manque de méthode. D'ailleurs, ceux qui soutiennent avec l'esprit de parti l'innocence de A. Dreyfus ne se font pas faute d'employer les mêmes procédés de raisonnement. Si l'on excepte un très petit nombre d'individus, il semble que chacun prenne à tâche, dans cette affaire, de défier la raison et de violer les règles de la bonne méthode.

D'autre part, on n'est pas habitué à séparer le fait observé de son explication, et à discuter séparément le fait et l'explication. De telle sorte que, bien plus souvent qu'on ne pense, on est porté à croire que les arguments qui tendent à prouver la réalité du fait prouvent que l'explication est bonne, ou bien que les arguments qui tendent à prouver que l'explication est bonne prouvent que le fait est réel. De tout ce qui se rapporte au fait et de tout ce qui se rapporte à l'explication on fait un mélange, que seuls les gens très habiles peuvent ou pour-

raient analyser. On a l'habitude de discuter sans
ordre et sans méthode, et bien des gens ressemblent à l'apothicaire de village dont parle D. Ste-
wart.

« Un apothicaire de village ou une nourrice ex-
perte, dit-il, est incapable de décrire la maladie la
plus commune sans employer un langage dont
chaque mot est une théorie; de sorte que l'énoncia-
tion des phénomènes qui caractérisent une affection
particulière, faite avec simplicité, pure de tout al-
liage d'opinion préconçue et des rêves de l'imagination, peut être considérée comme la marque la
plus certaine d'un esprit rompu par une étude longue et fructueuse au plus difficile de tous les arts, la
fidèle interprétation de la nature .»

Il arrive trop souvent qu'on ne sache pas dissocier
le fait observé de ce qui l'explique ou de ce à quoi
on le rattache, et, comme dit Stuart Mill, « ce qu'on
rapporte vulgairement à l'observation n'est d'ordinaire qu'un résultat composé dans lequel cette opération n'entre que pour un dixième, les neuf autres
dixièmes provenant d'inférences ».

En raison même du lien, artificiel, que l'on établit
souvent entre le fait et son explication, on est porté
à croire que, lorsqu'une explication absurde est
donnée, le fait auquel elle se rapporte n'existe pas.
[Si une explication mauvaise était une marque certaine que le fait correspondant n'est pas réel, il
nous faudrait bannir de la science tous les phénomènes électriques — et combien d'autres phénomènes —, puisqu'il est admis par tous aujourd'hui que

leur explication par les deux électricités, positive et négative, n'est autre chose qu'une fantaisie utile. Les phénomènes les derniers entrés dans le champ de la science expérimentale, ceux de l'hypnotisme, par exemple, sont mal ou ne sont pas expliqués encore.

Cherchons toujours le vrai. Séparons dans notre examen les choses indépendantes, comme le sont « le fait » et « l'explication » que certains en ont donnée, afin de ne pas tomber dans l'erreur de déclarer faux un fait vrai dont l'explication donnée est mauvaise.]

Le fait est non seulement indépendant de l'explication qui en est donnée, mais il est encore indépendant de ceux qui s'en occupent. Le fait peut être signalé par un charlatan, qui a l'habitude de mentir, et être vrai.

—————

[La manière de poser les questions est chose très importante, parce que, souvent, c'est d'elle que dépend le fond de la réponse faite par la nature ou par les hommes.

Une même question étant posée de deux façons différentes, le même individu fera, dans certains cas, deux réponses qui sembleront opposées, et qui pourront même l'être. Aussi, lorsqu'on veut avoir une réponse satisfaisante, il faut d'abord poser la question de façon aussi nette que possible, de telle sorte que celui qui répond l'ait vue dans son ensemble et sans obscurité; il faut aussi la poser de telle sorte qu'elle corresponde bien à la solution du problème qu'on veut étudier : il importe, en effet, que les données du problème ne soient pas quelconques, mais soient exactement celles qui sont nécessaires à la solution demandée, qu'il y ait toutes celles qui sont nécessaires et pas une de plus.

Il faut aussi, quand le problème est complexe, savoir le diviser, en faire plusieurs faciles à résoudre séparément, et se servir des solutions partielles pour déterminer la solution générale.]

Il faut « diviser chaque difficulté en autant de

parcelles qu'il se pourra faire pour la mieux résoudre ». (Descartes.)

Lorsqu'on porte attention aux choses que l'on discute, ou dont on parle, on ne manque pas d'apercevoir que, souvent, les questions qui de prime abord paraissaient simples sont complexes. L'esprit humain, qui n'est pas parfait, ne peut s'occuper utilement que d'une difficulté à la fois : par suite, si l'on veut arriver à une solution raisonnable, il faut diviser ce qui est complexe ; il faut poser séparément les questions qui peuvent être séparées, afin de pouvoir les résoudre. Quand les difficultés auront été divisées et les questions particulières contenues dans la question générale classées, on devra « conduire par ordre ses pensées, en commençant par les objets les plus simples et les plus aisés à connaître ». (Descartes.)

Ces préceptes ne sont pas nouveaux, ils sont bien connus de nombre de personnes ; mais ils ne sont pas toujours appliqués dans les questions scientifiques, et ils le sont bien plus rarement encore dans les questions de la vie courante (ou de la vie civile — comme dit Port-Royal). Ils sont d'autant moins appliqués que la question générale dont il s'agit a plus soulevé les passions, d'autant moins appliqués que l'esprit est plus près d'abdiquer devant le cœur [L'esprit et le cœur — Raisonnement affectif, p. 363], — qui raisonne le plus souvent avec des « raisons que la raison ne connaît pas », et qu'elle ne peut connaître, parce qu'elles ne sont pas raisonnables —. Bien des gens énoncent le précepte qui ne l'appliquent pas [Ce qu'on dit et ce qu'on pratique ou applique, p. 359], qui ne l'appliquent pas en particulier dans l'affaire présente.

J'ai eu rarement l'occasion d'observer une façon de raisonner aussi peu méthodique que celle qui est employée là, même par des gens intelligents.

Beaucoup ne voient dans ce qu'ils appellent « l'affaire Dreyfus » qu'une question, et, par suite, ne donnent qu'une solution; d'autres y voient plusieurs questions à résoudre; bien peu voient toute la complexité de l'affaire, toutes les questions secondaires, qu'il faut résoudre séparément et examiner dans un ordre méthodique, « en commençant par les objets les plus simples et les plus aisés à connaître. » et par ceux qui sont pour ainsi dire à la base de l'affaire. Plus d'un, parmi ceux qui croient raisonner avec méthode, se contente de diviser les difficultés ou les questions et de les ranger dans un ordre artificiel, sans se soucier de savoir quelles sont celles sur la solution desquelles on peut s'appuyer pour baser l'étude des autres : celui-là fait comme un architecte qui, voulant construire méthodiquement un édifice, se préoccuperait d'édifier séparément et successivement tous les étages, mais sans prendre soin de commencer par le rez-de-chaussée ou le sous-sol.

Quand deux personnes discutent sur « l'affaire », il arrive souvent que l'une parle sur plusieurs des questions secondaires qui s'y rattachent, tandis que l'autre fait de même : il arrive que, dans le

nombre des questions secondaires que la première
personne examine, il y en a qui sont au nombre de
celles que la deuxième personne examine, de telle
sorte que, de temps à autre, il y a dans la discussion,
dans la marche en zigzag que chacun suit, des points
de contact, des points où les deux interlocuteurs se
rencontrent (pour rester peu de temps côte à côte,
il est vrai); et tous deux ont alors l'illusion de parler sur le même sujet. Ils se rencontrent sans se
chercher précisément, et un peu par hasard, comme
ces explorateurs qui, partis de deux extrémités
différentes du continent africain, arrivent à se croi-
ser en un point sans s'être donné rendez-vous.

Chose curieuse : ce sont les ignorants, ou ceux
qui ne savent pas raisonner, qui emploient les
manières de raisonner les plus difficiles à manier.
Quand les questions sont nombreuses et enchevêtrées,
l'homme le plus habile dans le raisonnement ne
peut arriver à les résoudre, s'il n'a pas commencé
par les diviser et les étudier séparément (pour le
contraindre à faire autrement, il faudrait lui faire
de sérieuses menaces); celui qui ne sait pas raisonner, au contraire, n'hésite pas : il aborde toutes les
difficultés à la fois; il ne les surmonte pas, il est
vrai, mais quand il en a fait le tour, il croit que
tout est fait; le mur, le rempart que l'homme de
science, lorsqu'il est seul, démolira pierre à pierre,
ne pouvant l'abattre d'un coup, l'ignorant le con-
tournera et, avec sa naïve témérité, il affirmera
qu'il n'en reste rien.

La manière de raisonner qui consiste à traiter

plusieurs questions à la fois est tellement difficile à manier — si l'on peut ainsi parler —, que le plus habile homme de la terre échouerait, s'il voulait s'en servir; et c'est précisément celui qui ne sait pas raisonner qui l'emploie : il serait vraiment extraordinaire qu'il n'échouât pas.

Les hommes n'arrivent pas à s'entendre : je me demande comment ils pourraient y arriver en conduisant ainsi leur raisonnement.

Quand deux interlocuteurs veulent bien ne traiter chacun qu'une seule question à la fois, ce n'est pas la même question qu'ils traitent, le plus souvent. L'un dit-il : « M. Zola a-t-il eu raison d'écrire au Président de la République la lettre ouverte que l'on connaît? », l'autre répond : « A. Dreyfus est coupable ». L'un dit-il : « M. Esterhazy est-il traître à la France? », l'autre répond : « Les officiers de l'état-major général sont d'honnêtes gens ». *Question :* « Doit-on reviser le procès de A. Dreyfus? Est-ce juste? ». *Réponse :* « C'est utile à la France », ou bien « c'est nuisible ». *Q. :* « Est-ce utile à la France? » — *R. :* « C'est juste », ou bien « c'est injuste » —. A la question « légalité » du jugement de 1894, on répond « justice » ou « injustice »; à la question « justice », on répond « légalité » ou « illégalité ». Et les deux interlocuteurs ne s'entendent pas : le contraire serait étonnant.

Lorsqu'il s'agit de poser la question « la loi a-t-elle été observée? », c'est la question « le condamné est-il innocent? » qu'on pose, ou inversement. Lorsqu'il s'agit de poser la question « les

juges peuvent-ils s'être trompés? », c'est la question
« les juges sont-ils de malhonnêtes gens? » qu'on
pose.

Une des raisons qui empêchent d'apercevoir la
complexité des questions et la difficulté de les
aborder toutes ensemble est qu'on néglige de les
poser d'une façon nette et sous forme de question.

Avez-vous souvent entendu un interlocuteur dire
à l'autre : « nous allons, si vous le voulez bien, examiner successivement: 1° tel point, 2° tel autre point,
3° tel autre? », et avez-vous vu la discussion se pour-
suivre suivant ce programme? La chose doit vous
être arrivée rarement, comme à moi-même. Chacun,
ne voyant que vaguement la question qui préoc-
cupe son interlocuteur, s'occupe plutôt de parler
ou d'éclaircir la question qu'il se pose lui-même,
que d'éclaircir celle que son interlocuteur pose ;
chacun suit sa propre pensée et parle, sans trop se
soucier de la pensée du voisin : et l'on a ainsi plutôt
deux monologues simultanés ou successifs qu'un véritable dialogue.

Si, au lieu de faire ici une étude scientifique
ou de critique, on faisait une œuvre de polémique,
il faudrait examiner séparément les questions suivantes, et chercher l'ordre logique dans lequel elles
doivent être examinées.

Voici quelques-unes des questions principales que
chacun de nous pourrait, ce me semble, se poser à
soi-même. Pour être étudiée et résolue facilement,
chacune de ces questions devrait être divisée en
plusieurs autres.

A. Dreyfus est-il coupable de ce dont on l'a accusé devant le conseil de guerre de 1894? En est-il innocent? Est-il coupable de faits de trahison autres que ceux dont l'acte d'accusation parle? En est-il innocent? Est-il coupable de faits d'amorçage? En est-il innocent? (A chaque question posée, il faut ajouter celle-ci : Quelles sont les raisons, les preuves ou présomptions qu'il y a pour déclarer coupable ou innocent? ou pour déclarer bon? A côté de l'énoncé de ces raisons, il faut placer leur examen critique).

M. Dreyfus a-t-il été jugé légalement ou illégalement?

M. Esterhazy est-il coupable des faits de trahison dont certains l'accusent? En est-il innocent? Est-il coupable d'autres faits de trahison? En est-il innocent? Est-il coupable de faits d'amorçage? En est-il innocent?

M. Picquart est-il coupable des faits dont on l'accuse? En est-il innocent?

M. Henry est-il coupable des faits dont on l'accuse? En est-il innocent?

M. du Paty de Clam est-il coupable des faits dont on l'accuse? En est-il innocent?

M. Zola a-t-il eu raison, ou tort, de dire ce qu'il a dit? de le dire comme il l'a dit?

Est-il bon pour la France que chacun des faits indiqués ait été produit?

1° Est-il juste? 2° est-il bon, que la France entière connaisse les faits? c'est-à-dire qu'elle sache ce qu'il y a de vrai et de faux dans chacune de ces accusations et dans chacune des questions secondaires qui s'y rattachent. Est-il bon que l'étranger les connaisse ?

Est-il bon, ou est-il mauvais, de faire que l'agitation cesse en France ? que la raison reprenne ses droits, qui sont depuis quelque temps méconnus par nombre de gens réputés intelligents ? Si c'est bon, comment parvenir à le faire ? (1)

Il importe de séparer les questions. Sinon, les questions étant comme liées, les solutions s'embrouillent ; et l'on voit parfois, chez certains esprits, l'une de ces solutions peser sur la solution d'une autre question avec laquelle elle n'a aucun rapport logique.

Certaines manières de poser les questions ou de formuler les propositions plaisent, et, à cause de l'agrément de leur forme, on les emploie parfois mal à propos. Parmi les formes qui plaisent, celles du dilemme et de l'argument disjonctif sont des plus recherchées : bien des mots historiques ont été présentés sous l'une ou l'autre de ces formes.

C'est parfois d'une façon consciente qu'on emploie la forme de l'argument disjonctif, mais parfois aussi c'est inconsciemment qu'on le fait. Bien des gens,

---

(1) Poser les questions est quelque chose, mais c'est peu de chose : ce qu'il faut, c'est les résoudre. N'ayant pas, pour le faire, les éléments suffisants (bien que je les aie cherchés), je me garderai de donner les solutions, qui ne pourraient être que fantaisistes. Je ne répondrai qu'à la dernière question, et je dirai qu'il faut, en particulier, parler à la raison des hommes, et non à leurs passions. La chose est importante dans le cas présent, et elle l'est et le sera dans l'avenir, car la folie ne peut suffire à sauvegarder les intérêts d'un grand pays.

ayant à apprécier la valeur d'un témoignage, disent ou pensent à peu près ceci : « Le témoin dit vrai ou faux. S'il dit faux, ou bien il est ignorant, ou bien il est menteur : or, il n'est pas ignorant de la chose dont il parle, et il n'est pas non plus menteur; donc il ne dit pas faux ». La forme agréable de l'argument « ou bien il est ignorant, ou bien il est menteur » empêche de voir l'équivoque possible des termes, celle qui porte sur le mot menteur. En effet, on peut mentir sans être menteur : on peut mentir une fois dans sa vie, dans une occasion où l'on croit engagé l'intérêt d'une grande cause, sans pour cela être un menteur d'habitude, un menteur de profession, pourrait-on dire. L'histoire, l'histoire du passé nous montre un certain nombre d'exemples classiques du fait que j'avance ; l'histoire du présent nous fournit trois beaux exemples.

Le général Billot dit, une fois ou plusieurs fois, à la tribune du Parlement que le condamné Dreyfus avait été jugé *légalement* (1). Or, le fait n'est pas vrai, selon toutes probabilités, comme je l'ai exposé plus haut. Le fait n'étant pas vrai, M. Billot ou bien s'est trompé, ou bien a menti. Pour se tromper, il fallait, ou bien qu'il ignorât en quoi consistait la

---

(1) Je ne cite pas le texte même de ses paroles, parce que je n'ai pas en ce moment sous la main le numéro du *Journal Officiel* qui les relate. Je me permets en cette occasion de m'en rapporter à ma mémoire — qui, sans doute, ne me trompe pas ici, car mon esprit a été vivement frappé de l'affirmation produite, et répétée plusieurs fois, comme en ont été frappés tous ceux qui l'ont commentée dans les journaux.

légalité dans l'espèce (c'est-à-dire qu'il ignorât qu'il fût illégal de communiquer aux juges un dossier qui n'était pas communiqué à l'accusé et à son défenseur), ou bien qu'il ignorât que le fait matériel de communication secrète se fût produit. Étant données les discussions déjà nombreuses qui avaient eu lieu dans les journaux et dans les conseils du gouvernement, étant donnée aussi la facilité avec laquelle il pouvait se renseigner, il est tout à fait invraisemblable qu'il ait été ignorant sur l'un ou l'autre de ces points. Il a donc menti (ou, si l'on préfère, dit sciemment le contraire de la vérité). Mais, me diront sans doute ceux qui le connaissent, il ne peut pas avoir menti, puisqu'il n'est pas menteur. Je répondrai à ceux-là : celui qui pense, à tort ou à raison, que l'intérêt de la patrie (ou d'une grande cause) sera lésé s'il dit oui ou s'il dit non, mentira, bien qu'il ne soit pas menteur, s'il le croit utile à la grande cause qu'il soutient.

Le général Mercier a menti dans les mêmes conditions — parce qu'il croyait que l'intérêt du pays l'exigeait —, en affirmant que le condamné Dreyfus avait été condamné *légalement*. Il est d'autant plus invraisemblable qu'il ait ignoré le fait matériel qui constitue l'illégalité, que c'est lui-même, semble-t-il, qui a fait communiquer secrètement le dossier dont il s'agit.

Voici son affirmation [*Compte rendu sténographique du procès Zola*, tome I, p. 171] :

« M. le Président, je n'ai pas à revenir sur le procès Dreyfus ; mais si j'avais à y revenir, puis-

3.

qu'on me demande ma parole de soldat, ce serait pour dire que Dreyfus était un traître, qui a été justement et *légalement* condamné. »

Lorsqu'on pense que, si l'on dit, sur un point, le mensonge au lieu de la vérité, on épargne à son pays les horreurs de la guerre étrangère ou de la guerre civile, ou de quelque autre grande calamité, on se croit tout permis. Alors, on dit sciemment le contraire de la vérité, on ajoute à la vérité ce qu'il faut de mensonge pour atteindre le but, comme le montre le faux de M. Henry. « Une fois persuadés, nous croyons que c'est ouvrage de charité de persuader les autres, et, pour ce faire, chacun ne craint pas d'ajouter de son invention autant qu'il en voit être nécessaire à son conte, pour suppléer à la résistance et au défaut qu'il pense être en la conception d'autruy. » (Montaigne.)

On peut mentir sans être menteur, on peut faire des faux sans être faussaire de profession. Témoin le cas du lieutenant-colonel Henry. Je persiste à croire, jusqu'à preuve du contraire, que celui-ci était honnête homme, je veux dire que, s'il a commis un ou plusieurs faux dans l'intérêt d'une cause qu'il croyait bonne, il était incapable d'en commettre dans un intérêt personnel, pour s'approprier une somme d'argent, par exemple. (J'ajoute que je préfère de beaucoup l'honnêteté de l'homme qui ne fait pas de faux à l'honnêteté de celui qui en fait. Si beaucoup de personnes, dont le jugement est faussé, arrivaient à pratiquer chez nous ce second genre d'honnêteté, il y aurait lieu d'être fort inquiet au sujet de l'avenir de notre pays).

Quand il s'agit de juger si l'intérêt de la patrie exige un mensonge ou un faux, il est bon de préparer toutes les conditions nécessaires pour avoir un jugement sain. Il faut, en particulier, comme on l'expose plus loin, employer toute son énergie à repousser l'esprit de parti; car, une fois qu'on l'a laissé s'approcher et s'emparer d'un homme, le jugement est perverti : chacun croit alors que le sort de la patrie dépend du mot qu'il va dire, du geste qu'il va faire, du regard qu'il va jeter, et le mot, le geste, le regard risquent fort d'être l'expression non de la vérité, mais du mensonge.

A la question qu'on se pose d'ordinaire, lorsqu'il s'agit de juger la vérité d'un témoignage : « le témoin, qui est renseigné, est-il menteur? », il faut ajouter celle-ci : « le témoin, même non menteur, pense-t-il que l'intérêt d'une grande cause est lié à la réponse qu'il va faire? ». Le juge doit se poser cette seconde question (sinon la poser au témoin), et, pour y répondre, il doit être psychologue.

Si jamais je suis interrogé sur un fait tel que je pense que ma réponse puisse compromettre les intérêts vitaux de ma patrie, j'engage celui qui m'interrogera à ne pas me croire sur parole.

LES INJURES.

L'homme est un discuteur imparfait : il n'apprécie pas d'ordinaire les arguments à leur juste valeur; il confond souvent l'argument facile à employer avec l'argument probant. Soucieux de mé-
nager ses forces, il applique — sans s'en douter,
le plus souvent — le principe du moindre effort,
que l'on a énoncé de différentes manières dans les
sciences de la nature, et particulièrement en chi-
mie. Lorsqu'il choisit un argument, ce n'est pas
tant parce que celui-ci est probant, que parce
qu'il peut l'employer sans se donner beaucoup de
peine : c'est pour cela que l'emploi de l'insulte est
si fréquent. Il n'est pas besoin pour en user d'a-
voir du génie : c'est une arme à la portée de toutes
les intelligences, même des plus faibles.

Celui qui, dans un siècle d'ici, s'occupera d'é-
crire l'histoire de l'époque présente aura une bien
triste opinion des Français que nous voyons autour
de nous, s'il s'en rapporte aux écrits contemporains
des faits qu'il étudie, s'il s'en rapporte aux dires
des journaux de notre temps. « Tous vendus! »,
tel est le titre qu'un faiseur de revues choisira
pour sa pièce, s'il s'en trouve un qui compatisse

assez peu aux douleurs de la France pour consentir à mettre à la scène le triste spectacle de nos déchirements. En effet, lorsqu'on ouvre certains journaux, on voit que tels et tels hommes sont vendus aux Juifs et aux Allemands; lorsqu'on lit les journaux du parti contraire, on voit que les hommes qui ont un avis différent du leur sont vendus au Césarisme, à la Réaction et au Cléricalisme. «.Tous vendus! », vous dis-je, nous sommes tous vendus.

Si vous vous croyez honnête, s'il vous semble que vous ne vous êtes jamais vendu à rien ni à personne, si, même en vous donnant beaucoup de mal, vous ne pouvez arriver à découvrir qui vous a acheté, vous n'avez, pour être renseigné d'une façon très précise, qu'à ouvrir les journaux qui soutiennent des idées différentes des vôtres. Vous verrez là *qui* vous a acheté, *quand,* et *à quel prix* : on vous indiquera toutes les circonstances du pacte, et, devant tant de précision, il ne vous restera plus qu'à avouer votre forfait. Si vous n'avouez pas, c'est que vous joignez au vice de vénalité celui de fourberie. Ne protestez pas, c'est inutile : toutes les circonstances sont connues, avec tous leurs détails !

Si, par hasard, on accepte que vous ne soyez pas « vendu », vous serez tenu de vous contenter de la qualification d'« idiot » ou de celle de « gâteux ». « Vous n'êtes pas de mon avis! Vous êtes donc idiot. » C'est l'évidence même : comment pourrait-on n'être pas de l'avis de quelqu'un et n'être ni vendu ni idiot! Il est impossible d'imaginer quelque chose de plus clair que ça.

Si grande que soit la clarté de l'argument, je doute fort que l'on arrive, en l'employant, à faire que le XIXᵉ siècle garde ou prenne dans l'histoire le nom de « siècle de la tolérance ».

La France n'est pas au bout de sa folie. L'hallucination collective sévit, épidémie terrible : chacun croit voir, voit, ce que son imagination seule a enfanté; ce qu'une personne voit et indique, toutes celles de son parti le voient aussi : la suggestion a fait son œuvre.

Il m'est arrivé plusieurs fois d'être en désaccord formel avec Aristote. J'avoue à ma honte n'avoir jamais pensé à le traiter de vendu (on ne peut pas penser à tout!); mais maintenant que, grâce aux travaux des polémistes de génie, ce mirifique argument a été découvert ou redécouvert, je vais étudier l'emploi que je peux en faire à l'avenir pour confondre mes contradicteurs.

Admirez la facilité avec laquelle je vais pouvoir dire : « Aristote est un vendu! », « Newton est un vendu! », « Pascal est un vendu »! L'argument portera d'autant plus ou d'autant mieux que, étant morts, ceux-ci ne pourront à leur tour soutenir que c'est moi qui suis vendu. — Mais, me direz-vous, il faudra peut-être que vous indiquiez ce à quoi ou ceux à qui ils se sont vendus. — Petite affaire! Il me suffira d'un peu de mauvaise foi pour inventer une histoire quelconque. Et tout homme, pour peu qu'il se rapproche de la moyenne des hommes, peut trouver en soi la quantité de mauvaise foi suffisante pour cela (1). Puis, si personne ne me force à préciser mon accusation, ou même si je ne veux pas consentir à le faire, il me suffira de répéter souvent : « vendu ! » « vendu ! » ; et l'écho répètera « vendu ! » « vendu ! » ; et il en restera toujours quelque chose. Demandez plutôt à Basile.

Quel mirifique argument que la calomnie !

Une seule chose me gênera, lorsque je voudrai employer l'injure, c'est que ce genre d'argument me semble — si j'ose m'exprimer ainsi —, me semble ne rien prouver du tout. Excusez mon audace de dire aussi franchement ma pensée ; mais, au contraire de bien des gens, je ne vois pas ce que l'insulte prouve. Vous direz peut-être que c'est faiblesse d'esprit de ma part, que je suis incapable de voir le jour en plein soleil, que les années ont pesé double sur ma tête et que je suis atteint de gâtisme, et qu'enfin je suis seul — ou à peu près — de mon avis. Excusez-moi et plaignez-moi ! En retour, je vous promets, si jamais la lumière qui éclaire votre esprit, et qui le fait si éblouissant, veut bien venir jusqu'à moi pour me tirer des ténèbres où je suis englouti, je vous promets, dis-je, de devenir le premier insulteur de la terre, j'entends : le plus grand, le plus haineux, le plus féroce des insulteurs que la terre ait jamais portés et qu'elle

---

(1) « J'ai regardé dans la conscience d'un honnête homme, dit le philosophe, et j'y ai vu des choses horribles. »

puisse jamais porter d'ici jusques à la consomma-
tion des siècles.

En attendant que vos lumières m'éclairent, je
suivrai, au risque de me trouver seulement avec
un petit nombre d'hommes, le conseil de saint Au-
gustin :

« Omittamus ista communia quæ ex utraque
parte dici possunt... ».

« On n'a recours aux invectives que quand on
manque de preuves », a dit Diderot.

« Ne trouvez-vous pas, Messieurs, que les
hommes sont trop sévères les uns pour les autres?
On s'anathématise, on se traite de haut en bas,
quand souvent, de part et d'autre, c'est l'honnêteté
qui insulte l'honnêteté... » (Renan.)

« Il ne faut ni haïr, ni accuser, mais instruire. »
(Hégésias.)

CE QU'ON CONNAÎT
ET CE DONT ON PARLE [p. 449]
CERTITUDE [p. 26]

[Le sage ne parle que de ce qu'il connaît. Combien chacun de nous peut-il nommer d'hommes sages! Qui peut dire qu'il n'a jamais oublié une seule fois les préceptes de la sagesse, en donnant un avis ferme sur un point qu'il ne connaissait pas suffisamment!

Il importe de distinguer ici l'avis ferme donné de l'avis exprimé sous forme dubitative. Il arrive souvent, dans l'étude des choses scientifiques, qu'un fait bien étudié amène à prévoir un fait pas encore observé qui s'y rattache : on peut, dans ce cas, donner comme possible l'existence du fait que l'on n'a pas vérifié. On a le droit de faire cela, parce que, en émettant une hypothèse, en donnant comme possible un fait qui l'est, on ne commet pas une erreur, on ne commet pas l'erreur de celui qui affirme réel un fait dont il n'a pas constaté la réalité. L'erreur, au sens propre du mot, est une affirmation erronée, elle consiste seulement dans le fait d'affirmer l'existence de ce qui n'est pas, ou la non-existence de ce qui est. Ce n'est pas commettre une erreur que d'émettre une hypothèse en appréciant le taux de probabilité d'après les éléments déjà connus qui permettent de le faire.]

[Si l'on observe les individus en se plaçant au point de vue de l'attitude intellectuelle dans l'affirmation, on voit qu'ils peuvent être rangés dans deux grandes catégories, qui comprennent : ceux qui sont d'ordinaire absolument certains de la réalité de ce qu'ils disent, et ceux qui ne le sont que relativement, autrement dit, ceux qui trouvent évidentes ou évidemment vraies les choses dont ils parlent, et ceux qui les trouvent seulement probables ou probablement vraies. Nombre d'individus sont ainsi construits que, pour eux, tel fait est évidemment vrai et tel autre évidemment faux; et, qu'ils affirment la vérité ou la fausseté, c'est toujours nettement, c'est sans voir de raison qui puisse les faire douter de ce qu'ils affirment. Au contraire, celui qui, après avoir étudié, a constaté que nombre de choses tenues longtemps pour évidentes — ou évidemment vraies — par les meilleurs esprits ne sont pas vraies, devient plus circonspect dans ses affirmations : il a constaté que, dans la presque totalité des questions sérieusement étudiées, à côté des raisons qui conduisent à dire « oui », il y en a qui conduisent à dire « non », et il s'est habitué à peser les raisons pour « oui » et les raisons pour « non »; après avoir constaté qu'en toutes choses il y a du « pour » et du « contre », il se dispose à doser le « pour » et le « contre » dans toutes les choses qu'il étudie, et il ne se décide dans un sens ou dans l'autre qu'après cette opération essentielle faite.

Quand les circonstances amènent l'homme de science à s'occuper de choses qui sont en dehors de la science, ou même de choses qui, appartenant à la science en général, sont en dehors de la science particulière qu'il connaît le mieux, il ne croit pas pouvoir affirmer nettement ou d'une façon absolue l'avis qu'il est conduit à émettre : il a constaté que les imprudents qui, dans ces circonstances spéciales, affirmaient nettement, disaient souvent des sottises, et il ne veut pas courir gratuitement le risque d'en dire aussi. Chacun a déjà assez d'occasions de se tromper dans l'étude des questions qui lui sont le plus familières, pour qu'il n'ait pas à se créer inutilement d'autres occasions d'erreur.

Au contraire, celui qui n'est pas habitué à étudier les questions scientifiquement et d'une façon complète, n'envisage jamais qu'un côté de la question : non seulement après avoir étudié le « pour » il ne recherche pas le « contre », et inversement, mais encore si, sans l'avoir recherché, le « contre » lui est présenté après le « pour » ou le « pour » après le « contre », il ferme les yeux pour ne pas voir. Et il nie l'existence de ce qu'il ne voit pas. Se servant de jugements tout faits (de « préjugés », au sens indiqué dans un autre chapitre pour ce mot), il n'a pas de peine à émettre un jugement sur toutes choses, et à le faire instantanément : pour lui, aucun doute n'est possible, il a toujours une solution prête pour la question qu'il connaît le moins. Pourquoi douterait-il, puisque sa vue bornée ne lui permet d'apercevoir qu'une partie du champ des possibles ! Il

voit possible, et pour lui c'est assez. Qu'a-t-il besoin des autres! S'il les voyait, cela ne pourrait que
déranger la quiétude de son esprit, et le fatiguer en
le faisant réfléchir. N'est-ce pas une bonne chose
que d'avoir l'esprit tranquille et de ne pas le fatiguer?

Quoi de plus facile, pour celui qui, ne connaissant
rien à fond, croit tout connaître, que de parler sur
tout! Mettez-le en face de la question la plus compli-
quée que vous voudrez bien imaginer, ce sera pour
lui un jeu d'enfant que de la résoudre.]

[Tout est simple pour celui qui ne voit pas la
complexité des choses. Il construit tout à la mesure de
son esprit : ce qui n'est pas simple, il le simplifie. Il
connaît toujours les effets et les causes : il a pour
chaque fait une explication, et une seule. Ne lui dites
pas qu'un fait (tel que nous le connaissons) peut
avoir plusieurs explications, il vous regarderait avec
pitié; et s'il consentait à vous répondre, il vous acca-
blerait sous le poids des grands mots : *déterminisme,
lois naturelles, Dieu* même, qu'il invoquerait pour
les faire témoigner de votre ignorance. Il ne voit
qu'une explication : comment alors la nature pour-
rait-elle se permettre d'en fournir plusieurs!

Comme l'enfant qui, ignorant le danger que peut
courir sa vie ou sa santé dans certaines circonstances,
s'expose sans crainte au péril, celui qui ne sait rien,
ne connaissant pas le danger de dire des sottises
auquel il s'expose en affirmant sur tout un jugement
décisif, s'y expose sans crainte et sans hésitation.]

Si un problème se présente dans lequel le nombre

des équations distinctes est inférieur au nombre
des inconnues, l'ignorant donnera sans hésiter la
solution que sa fantaisie a déterminée, et il affirmera que cette solution est la seule possible.

Pressez l'ignorant qui sait tout, vous lui ferez dire
— en prose — ceci :

« J'ai vu Jéhova ! je le nomme !
Tout à l'heure il me réchauffait,
Je sais comment il a fait l'homme,
Comment il fait tout ce qu'il fait.

J'ai vu cette main inconnue,
Qui lâche en s'ouvrant l'âpre hiver,
Et les tonnerres dans la nue,
Et les tempêtes sur la mer,

Tendre et ployer la nuit livide ;
Mettre une âme dans l'embryon ;
Appuyer dans l'ombre du vide
Le pôle de septentrion ;

Amener l'heure où tout arrive ;
Faire au banquet du roi fêté
Entrer la mort, ce noir convive
Qui vient sans qu'on l'ait invité ;

Créer l'araignée et sa toile,
Peindre la fleur, mûrir le fruit,
Et, sans perdre une seule étoile,
Mener tous les astres la nuit ;

Arrêter la vague à la rive ;
Parfumer de roses l'été ;
Verser le temps comme une eau vive
Des urnes de l'éternité ;

D'un souffle, avec ses feux sans nombre,
Faire, dans toute sa hauteur,

Frissonner le firmament sombre
Comme la tente d'un pasteur;

Attacher les globes aux sphères
Par mille invisibles liens.. —
Toutes ces choses sont très claires,
Je sais comment il fait! j'en viens! »

(Victor Hugo.)

Il en vient, vous dis-je ! Quel que soit le lieu où l'on puisse se renseigner, il en vient toujours — à ce qu'il voudrait laisser croire, tout au moins —. Il sait si le condamné Dreyfus est coupable ou innocent : il est absolument certain de ce qu'il affirme. Comment n'en serait-il pas certain! il l'a vu imprimé dans *son* journal, ou bien *on* le lui a dit. Or « son journal », quel que soit le parti auquel il appartienne, ne se fait pas faute de relater les faits d'une façon inexacte, et surtout d'en fournir des explications fantaisistes. D'autre part, « on », cet « on » en qui l'ignorant a la plus entière confiance, et que souvent il ne connaît pas, est un homme bien renseigné, ou mal résigné, honnête ou malhonnête, pourvu de l'esprit critique ou dépourvu de cet esprit.

L'ignorant se fait une certitude avec un rien. Un fétu, un souffle, un regard fait pencher la balance de son jugement : elle est tellement sensible (et si bien construite!), que cela suffit pour faire incliner le fléau, et lui faire prendre une position qu'il conservera avec une fixité telle que le meilleur de vos raisonnements, la plus probante de vos preuves qui puisse agir en sens contraire sera de nul effet. Une

fois l'attitude prise, une fois le jugement porté, rien
ne modifiera l'attitude ou le jugement.

Je ne crois pas qu'il y ait une seule personne (le
condamné excepté) qui ait le droit d'être certaine que
A. Dreyfus est coupable ou qu'il est innocent. Mais
il y a un certain nombre de personnes qui peuvent,
avec plus ou moins de raison, affirmer des présomptions. Ces présomptions sont celles des hommes qui
ont eu entre les mains les dossiers ou ce qui en est officiellement connu. Il est permis dès à présent (en attendant mieux) à certains d'affirmer leurs présomptions avec une probabilité de 60 %, 70 %, 80 % même.
C'est permis à ceux qui ont pris soin de suivre les
débats du procès Zola de Février 1898, où bien des
points ont été contradictoirement discutés (sinon
totalement éclaircis), et qui ont depuis lu, relu
et annoté le compte rendu sténographique qui en
a été donné, qui ont de plus suivi avec soin, dans
les journaux des différents partis, le développement
des affaires connexes, en ne tenant pour fort vraisemblable que ce qui est admis également par les journaux du parti contraire. Il est permis à ceux qui
sont ainsi quelque peu renseignés d'affirmer leurs
présomptions, si, d'ailleurs, ils ont su ne prendre
parti ni pour ni contre, et conserver tout le calme
nécessaire pour faire l'étude scientifique d'une question, si, en particulier, ils savent reconnaître, et signaler, les défauts de raisonnement et les exagérations
des hommes du parti qui soutient les idées les moins
éloignées de celles qu'ils ont eux-mêmes. Je me défie du jugement de celui qui est certain avant d'ê-

tre renseigné : si, une fois renseigné, il m'affirme un jugement, je me dis que cela ne prouve rien ni pour ni contre le fait affirmé ; car, je pense qu'alors tout se réduit pour cet homme à une opération spéciale, que l'on pratique sans presque s'en douter, et qui consiste à nier ce qui (vrai ou faux) est défavorable, à affirmer ce qui (vrai ou faux) est favorable, et à interpréter comme l'on croit bon les faits. [Manière d'observer les faits extraordinaires, pp. 312 et suiv.].

Le doute n'est pas un « mol oreiller » pour tout le monde : pour s'en accommoder, il faut avoir la tête bien faite. Beaucoup ne peuvent se déterminer à une action que s'ils ont la certitude dans l'esprit, que s'ils trouvent, non pas vraisemblable ou probable, mais évident, le fait ou l'opinion sur lesquels ils s'appuient pour agir. Celui qui a la tête bien faite dit : « l'étude que j'ai entreprise de la question me montre qu'il y a une probabilité de 70 ou 80 % pour que l'action dans tel sens soit bonne, je me détermine à agir dans ce sens ». Celui qui n'a pas la tête bien faite resterait indécis, ne pourrait se déterminer à agir, s'il ne voyait en faveur de la bonté de son action qu'une probabilité de 70 ou 80 % : alors, quand la probabilité a réellement cette valeur, il fausse son jugement de la quantité nécessaire pour qu'il puisse voir une probabilité de 100 %, ou une probabilité très voisine ; alors il est certain, et il peut agir. La majorité des hommes ne peut vivre avec le doute : il n'est donné qu'à peu de personnes de savoir douter à propos. Aussi, nombre de gens, pour posséder la quiétude de l'esprit, prennent-ils le parti d'avoir toujours une certitude prête pour les choses dont ils peuvent entendre parler. Que ne ferait-on pas pour vivre tranquille !

Ne dites pas à ces gens-là que la nature n'est pas tenue de se conformer à leurs décisions et qu'elle se moque de leurs certitudes. Ils n'y croieraient pas. Quand l'ignorant parle, la nature n'a qu'à obéir. Demain, s'il lui plaît, il sera certain que le soleil tourne autour de la terre, et le soleil, docile, devra prendre sa course et suivre la route indiquée. Demain, il sera certain que, si à une certaine quantité de lumière on ajoute une autre quantité de lumière, on obtient un éclairement plus grand : et les interférences seront tenues de ne plus exister [pp. 26 et suiv.]. Comment la nature oserait-elle ne pas obéir !, Qui donc a le droit de lui donner des ordres, si ce n'est l'ignorant !

L'homme, cet orgueilleux pygmée, prétend tout régenter, et chacun prétend d'autant plus qu'il est plus ignorant. Si, par hasard, il s'aperçoit que les faits ne sont pas d'accord avec ses affirmations, il trouve que les faits ont tort. Que voilà une insolente nature, qui ose donner un démenti à ce qu'il affirme ! De quel droit veut-elle se soustraire à l'empire de ses décrets ! Pour un peu, il rééditerait l'exploit de Xerxès, qui fit battre de verges la mer parce qu'elle s'était révoltée.

Homme certain de tout, esprit faible.

« Celui qui confesse librement qu'il ne sait pas ce qu'il ignore me dispose à croire ce dont il entreprend de me rendre raison. » (Diderot.)

4

« On me fait haïr les choses vraisemblables quand on me les plante pour infaillibles. » (Montaigne.)

L'homme certain de tout ne connaît pas le vraisemblable ou le probable : la chose dont il parle, ou bien ne peut manquer d'arriver comme il le dit, ou bien est arrivée déjà comme il le dit, et en l'affirmant il n'admet pas la possibilité de se tromper. Il est infaillible, et ses amis le sont aussi, quel que soit le parti auquel il appartienne. Il n'oserait pas énoncer le fait de son infaillibilité, mais la suite de son raisonnement montre qu'il l'admet comme un axiome. C'est là un bon exemple de ce que j'ai dit ailleurs [Ce qu'on dit et ce qu'on pratique ou applique, pp. 359 et suiv.].

S'il est un mot qui n'ait pas de sens en français, ni dans aucune langue (tout au moins quand on l'emploie avec un sens affirmatif, dans les locutions « je suis infaillible », « tu es infaillible », ou autres semblables), c'est bien le mot « infaillible ».

Je mets à part, bien entendu, ce qui se rapporte à l'infaillibilité du Pape dans les questions religieuses, infaillibilité décrétée à une époque assez récente. Les choses religieuses sont du nombre de celles au sujet desquelles ma compétence est trop faible pour que je puisse me permettre d'en parler. Je ne m'occupe ici que de ce qui touche à la science ou à l'esprit scientifique, et de ce qu'on peut aborder avec le plein usage de l'esprit scientifique, sans aucune restriction commandée par la foi. Je dis que l'emploi du mot « infaillible » dans ces conditions constitue un non-sens.

Tout homme est faillible (1) : tout le monde admet cela en principe. Mais il faut ajouter (ce que plus d'un semble ignorer) : tout homme se trompe. Tout homme se trompe, lorsqu'il se mêle d'aborder les sujets qu'il ne connaît pas : cela on l'admettra facilement. Et tout homme se trompe, même lorsqu'il reste sur le terrain qu'il connaît le mieux : voilà ce que ceux qui n'ont pas fait suffisamment de science admettront difficilement, et ce que l'histoire des sciences montre cependant d'une façon éclatante.

Pasteur, notre grand Pasteur, s'est trompé, lorsqu'il a déclaré impossible la production par synthèse de matières douées de propriétés polarisantes : cette synthèse a été faite. Pasteur s'est trompé plus d'une fois, bien qu'il ne parlât que des choses qu'il connaissait le mieux; tous les autres savants se trompent et se sont trompés. La différence essentielle entre un savant et un homme qui n'a pas l'esprit scientifique est que le premier se trompe 1 fois sur 1.000, ou énonce 1 affirmation erronée sur 1.000 qu'il émet, tandis que le second se trompe 50, 100, 500 fois sur 1.000.

· Le savant ajoute à sa gloire lorsque, après avoir reconnu une erreur commise par lui, il s'emploie, je ne dis pas « à avouer », mais « à proclamer » cette erreur.

---

(1) Si jamais quelqu'un s'avisait de prétendre que je suis infaillible (ou, ce qui est la même chose, que je ne puis me tromper dans l'étude d'une question particulière), je croirais, ou bien qu'il se moque de moi, ou bien qu'il est fou.

[L'histoire des sciences ne nous montre pas seulement, la manière dont la vérité a pu être atteinte dans des cas déterminés, mais aussi la manière dont on a pu être amené, dans certains cas, à adopter l'erreur comme si elle avait été la vérité. Faire voir comment on a pu prendre l'erreur pour la vérité dans des cas déterminés, c'est permettre de l'éviter lorsque des cas semblables à ceux que l'on signale se présenteront.

Toute science — ou plutôt tout ensemble de doctrines — dont on étudie l'histoire montre un certain nombre d'erreurs qui ont été admises comme vérités, soit par quelques savants, soit même par l'ensemble ou la totalité des hommes d'étude d'une époque déterminée. Il serait utile d'examiner séparément l'histoire de chaque science, de noter une à une toutes les erreurs qui ont été pour ainsi dire *classiques* à une certaine époque, de montrer par quel ensemble de points de départ faux, de mauvais raisonnements, d'inductions hasardées, d'illusions des sens ou d'erreurs d'expérience chacune de ces erreurs à pu prendre l'apparence de vérité.

Faire voir par où ont péché les grands esprits, où ils se sont égarés (1), c'est montrer aux esprits d'une moindre envergure ou d'une moindre valeur les passages dangereux où la chute est à craindre,

---

[(1) Par exemple, Descartes dans la question de la mesure de l'énergie qui se conserve, et d'Alembert dans la mesure de la probabilité (probabilité d'amener une fois *pile* en deux coups au jeu de *croix ou pile*).]

les carrefours où la voie que l'on suivait vient abou-
tir, et où il faut savoir choisir entre les diverses rou-
tes qui semblent continuer la première. Tant que
la voie se continue en ligne droite et reste bien en-
tretenue, on peut marcher à une allure vive ; quand
la voie change de direction et de manière d'être,
il est bon qu'un écriteau ou une annonce vienne
dire : « Attention ! Tournant dangereux : tels et tels
hommes, connus comme esprits très fermes, ou
comme tombant très difficilement dans l'erreur, sont
tombés ici. »]

Le fait d'étudier les erreurs des grands esprits
pour apprendre à éviter les erreurs semblables me
paraît si important, que je demande à chacun des
collaborateurs de la « Bibliothèque des Méthodes
dans les Sciences expérimentales » de faire la critique
des principales erreurs qui ont été admises pendant
un certain temps, et par les meilleurs esprits (erreurs classiques), comme l'expression de la vérité
dans la science qu'il traite.

Toutes les affirmations émises, dans quelque matière que ce soit, peuvent être logiquement contes-
tées quant à leur justesse : la raison n'a jamais dit
son dernier mot, Aristote n'a pas clos l'ère de la pensée humaine. Toute affirmation peut être logiquement contestée ; mais elle ne doit l'être que saine-
ment, c'est-à-dire l'être, par celui qui connaît ce dont
il parle, et sans esprit de parti.

Logiquement, toute affirmation peut être contestée ; pratiquement, il peut se faire — mais dans des
cas excessivement rares — qu'il y ait un intérêt ma-

jeur à ce qu'une affirmation ne soit pas contestée.

Pouvoir se tromper et se tromper sont deux choses différentes : on peut toujours se tromper, on ne se trompe pas toujours. Mais on se trompe d'autant plus ou d'autant plus souvent qu'on connaît moins le sujet dont on s'occupe : si l'on est amené par les circonstances, ou même contraint par la loi, à traiter un sujet difficile qu'on connaît peu ou pas, ou à remplir une fonction difficile alors qu'on n'y est pas préparé, l'erreur est beaucoup moins improbable que lorsqu'on reste sur le terrain ferme des choses connues.

C'est précisément parce que les chances d'erreur sont plus grandes, lorsqu'on traite une matière inconnue que lorsqu'on en traite une connue, que chacun doit chercher à se tenir à sa place, et que la loi ne doit pas contraindre les fonctionnaires à sortir parfois du rôle qui leur est attribué d'ordinaire : elle ne doit pas, en particulier, contraindre à faire des instructions judiciaires très compliquées ceux qui n'y sont préparés ni par leurs fonctions habituelles, ni par le maniement habituel de l'induction, qui apprend à compter et peser les probabilités. Dans un État bien organisé, chacun est mis à la place qui lui convient le mieux, les fonctions sont confiées à ceux qui sont préparés à les bien remplir (1).

---

(1) J'imagine pour un instant qu'on ne recherche, dans celui à qui l'on veut attribuer une fonction, que l'intelligence et la conscience — ou la volonté d'agir suivant sa conscience —. Je prends le plus intelligent des hommes, le plus grand des savants, par exemple, et je le place à la tête d'un régiment ou d'une brigade,

Faisons en sorte qu'on ne puisse dire, en parlant de la manière dont les fonctions sont chez nous confiées aux fonctionnaires, ce que dit Figaro : « il fallait un calculateur.... »

La certitude qu'un homme a dans l'esprit ne prouve pas la matérialité du fait qu'il affirme : on peut être certain d'une chose qui n'existe pas [v. Évidence, p. 26]. Il n'y a pas de rapport direct, ni nécessaire, entre la certitude, état de l'esprit d'un homme, et la nature au sujet de laquelle cet état d'esprit s'établit.

Dans la science, les erreurs sont relativement faciles à éviter, et pourtant on en commet, les plus grands esprits en commettent : comment alors admettre qu'on puisse être infaillible lorsqu'on traite des questions que l'on ne connaît pas ! Dans la science les erreurs sont relativement faciles à éviter, voici pourquoi : d'abord, celui qui émet une opinion, qui porte un jugement sur un point, est d'ordinaire

---

qu'il sera chargé de faire manœuvrer dans la campagne. Ou je me trompe fort, ou il paraîtra grotesque aux gens du métier. Aurons-nous le droit de lui reprocher ses sottises ? Oui, s'il a demandé, ou si c'est de plein gré qu'il a accepté, le rôle qu'il était incapable de remplir. Non, si c'est pour obéir aux prescriptions formelles de la loi qu'il l'a fait. Dans ce cas, c'est la loi qui a tort, ce n'est pas l'homme. Le savant et le juge d'instruction à la tête d'un régiment ne seraient pas plus à leur place que le colonel à la tête d'une instruction judiciaire ou d'un laboratoire de microbiologie.

Chacun est disposé à s'attribuer une valeur intellectuelle supérieure à celle qu'il a réellement, et à penser qu'il fera facilement ce qu'il voit faire à des gens intelligents. Néanmoins, il est fort probable que, si l'on me mettait à la tête d'un régiment, je ne consentirais à commander que si j'y étais contraint sous peine de la vie.

un homme de la partie, un homme qui s'occupe depuis plusieurs années de la science à laquelle se rapporte le sujet étudié; ensuite, il a eu, avant de formuler sa conclusion, tout le loisir nécessaire pour contrôler l'hypothèse dont il a fait une conclusion, il a employé à ce travail le nombre de mois et d'années nécessaires pour le bien faire; ensuite, lorsqu'il a eu formulé ses conclusions et indiqué les expériences faites, les savants français et étrangers se sont mis à l'œuvre (si la question est importante) pour refaire les expériences, les contrôler, les critiquer, et passer au crible de la méthode expérimentale les faits et les conclusions, et ils ont employé à ce travail de vérification tout le temps nécessaire pour le bien faire. Il arrive cependant encore que, lorsque toutes ces précautions pour éviter l'erreur ont été prises, on est conduit parfois à tenir pour vrai ce qui est faux, à être certain d'une chose qui n'existe pas. Et l'erreur ainsi commise peut être prise pour vérité, pendant un ou plusieurs siècles, par les meilleurs esprits, qui la font pénétrer dans leur enseignement : c'est alors ce qu'on peut appeler « l'erreur classique ».

Évitons de nous faire des certitudes avec un rien; sachons douter des choses que nous ne connaissons pas. (Chacun de nous, même le plus savant, est sur bien des points l'ignorant qui n'a qu'à se taire.) Le doute est le premier pas vers la connaissance, ou la première étape à laquelle on doit s'arrêter avant d'arriver à la connaissance.

Le doute préconisé ici n'est pas le doute des sceptiques, ni même celui de Montaigne, c'est-à-dire le doute qui se complaît en lui-même, mais, au contraire, le doute méthodique, qui permet d'arriver par degrés à la découverte de la vérité, le doute des génies inventifs, celui de Descartes et de Claude Bernard.

On doit faire, pour l'étude de chaque question en particulier, ce que Descartes fit pour la science tout entière. Il explique ainsi sa pensée :

« Je me persuadai... ... que, pour toutes les opinions que j'avais reçues jusqu'alors en ma créance, je ne pouvais mieux faire que d'entreprendre une bonne fois de les en ôter, afin d'y en remettre par après ou d'autres meilleures, ou bien les mêmes, lorsque je les aurais ajustées au niveau de la raison ».

« Non que j'imitasse pour cela les sceptiques, qui ne doutent que pour douter et affectent d'être toujours irrésolus ; car, au contraire, tout mon dessein ne tendait qu'à m'assurer et à rejeter la terre mouvante et le sable pour trouver le roc ou l'argile ».

Il faut, lorsqu'on veut faire l'étude scientifique d'une question, commencer par supposer qu'on n'en connaît rien ; puis, conduire méthodiquement son exploration, c'est-à-dire examiner successivement, et « en commençant par les objets les plus simples et les plus aisés à connaître », tous les faits se rapportant à la question qu'on veut éclaircir. Il faut, à chaque pas fait, se demander si l'une des idées préconçues qu'on a eu l'intention d'éliminer n'a pas contribué en quelque chose au mouvement accompli, si elle n'a pas pesé, si peu que ce soit, sur le jugement : l'action des idées préconçues est d'autant plus à craindre qu'elles agissent sur le sujet sans qu'il s'en doute, traîtreusement.

Claude Bernard dit : « Le grand principe expérimental est donc le doute, le doute philosophique qui laisse à l'esprit sa liberté et son initiative, et d'où dérivent les qualités les plus précieuses pour un investigateur en physiologie et en médecine. Il ne faut croire à nos observations, à nos théories, que sous bénéfice d'inventaire expérimental. Si l'on croit trop, l'esprit se trouve lié et rétréci par les conséquences de son propre raisonnement ; il n'a plus de liberté d'action et manque par suite de l'initiative de celui qui sait se dégager de cette foi aveugle dans les théories, qui n'est au fond qu'une superstition scientifique ».

Il faut douter jusqu'au moment où l'observation personnelle, ou tout au moins la critique personnelle des faits sur l'existence desquels on est d'accord, pourra être faite. Il faut savoir douter des choses avant qu'on ait pu les étudier, pour avoir quelque droit à affirmer une présomption lorsque l'étude en aura été faite.

CE QU'ON DIT ET CE QU'ON PRATIQUE
OU APPLIQUE [p. 359]

[Depuis longtemps on a constaté qu'il y a parfois désaccord très grand, dans l'ordre moral, entre ce qu'on dit ou croit et ce qu'on pratique. Il arrive parfois que l'on dise : « c'est ainsi qu'il faut agir dans tel cas », et qu'on agisse d'une façon contraire lorsque le cas se présente. Chacun dit qu'il faut se dévouer à ses semblables ; tous ne le font pas. Connaître le bien et faire (vouloir) le bien sont deux choses différentes.

Non seulement on ne fait pas toujours le bien, mais il arrive qu'on fasse le mal ; il arrive aussi qu'on l'approuve dans un fait déterminé, mais alors on dit, en se trompant soi-même ou en trompant les autres, que le fait est bien. Il est curieux de constater que le même homme peut avoir, suivant les circonstances, un jugement différent sur ce qu'il faut faire ou approuver. Ainsi, le même acte de la vie courante peut être déclaré très mauvais et blâmable, lorsqu'il est accompli par une autre personne, et, tout à fait excusable, lorsqu'il est accompli par la personne même qui apprécie. Le même acte, qui sera excusé chez un ami, sera blâmé chez un ennemi ou un indifférent.

Le même homme jugera différemment un acte fait ou à faire, suivant qu'il sera seul ou fera lui-même partie d'une foule.

Les foules sont portées vers les extrêmes : les individus y exercent, les uns sur les autres, une sorte de suggestion, qui accroît l'intensité des effets que l'image ou l'idée va produire une fois fixée dans chacun. Assez souvent, les foules de la rue sont portées vers le mal : la foule est plus mauvaise (1) que chaque individu pris à part ; chaque individu, pris dans la foule, sera plus mauvais que lorsqu'il est pris seul. La psychologie des foules commence à être bien étudiée, et montre que l'irréflexion et la férocité y sont communes.

Pourtant, cette règle n'est pas sans exception. On constate aussi dans les foules l'enthousiasme pour le beau et le bien : la pitié pour l'infortune peut s'emparer d'une foule — en se communiquant d'un individu à l'autre — aussi bien que la férocité.

La foule au théâtre est plus vertueuse que ne l'est chaque individu qui la compose pris séparément. Que la vertu soit récompensée et le crime puni, cela soulève les applaudissements au théâtre ; et tel qui s'est réjoui de voir châtier le criminel dans la pièce jouée, pourra le lendemain commettre un acte répréhensible de même ordre que l'acte blâmé, sinon identique à celui-ci.

L'homme a des principes de direction morale,

[(1) Je préfère « plus mauvaise » à « pire » dans le cas présent.]

et ce qu'il pratique n'est pas toujours d'accord avec ces principes. Ce désaccord, depuis longtemps constaté dans l'ordre moral, se constate aussi dans l'ordre intellectuel.

Il y a des principes — de l'ordre intellectuel ou scientifique — que l'on énonce et que l'on n'applique pas.

Il y a des principes que l'on n'énonce pas (parce que, énoncés, ils paraîtraient évidemment faux) et que l'on applique cependant dans certains cas.

Parmi ces derniers principes (faux), on peut citer les suivants, qui sont commentés dans ce travail même :

« Ce qui n'a pas encore été fait, est impossible à faire ». [Voir page 380].

« Le fait qui n'a pas été expliqué, ou qu'on a expliqué d'une façon fantaisiste, n'existe pas ». [Voir page 393].

« Il n'y a pas d'autre explication possible en général d'un phénomène que celles qui ont été données (d'où il s'ensuit que si deux ont été données, et que l'une soit mauvaise, l'autre est bonne) ». [Voir page 388].

« Tout ce qui est déduit rigoureusement (mathématiquement, si l'on veut) est vrai, quelles que soient les données dont on est parti ». [Voir page 427].

« Ce que nous faisons nous-mêmes et ce que font nos amis est bien fait (scientifiquement et moralement), et ce que font nos ennemis est mal fait ». [Voir page 363].]

C'est comme conséquence de ce principe que l'on décrète l'infaillibilité de ses amis, qu'on appartienne à l'un ou à l'autre parti. On n'oserait pas dire : « Mes amis et moi nous sommes infaillibles » ; mais on prend cette proposition pour base du raisonnement, on raisonne inconsciemment comme si l'on tenait cette proposition pour l'expression de la vérité.

On peut ajouter ce principe :

« Ce qui est demandé par des gens de faible valeur morale ne doit pas être accordé, — si petit que soit le nombre de ces personnes, et si grand que soit le nombre des personnes de grande valeur morale qui demandent cette même chose, et quelle que soit la chose demandée ».

En conséquence de ce principe, que personne n'oserait énoncer, on ne considère pas les faits en eux-mêmes, on n'étudie pas la chose demandée pour voir si elle est bonne ou mauvaise : on regarde le groupe des gens qui la demandent, et, si l'on y voit une personne qui déplaît, on dit « non », comme on dirait « oui » parce qu'on verrait une personne qui plaît. Si des hommes demandent que la légalité soit observée, que la loi soit la seule maîtresse en France, on considère les individus, au lieu de considérer la chose, et, comme on voit parmi eux certains hommes qui valent peu, on refuse. C'est sur ce principe, appliqué inconsciemment, que chaque parti s'appuie pour refuser satisfaction à l'autre ; chacun dit à l'autre : « Il y a des énergumènes qui demandent la même chose que vous, nous ne pouvons vous accorder satisfaction ». Et il est bien vrai de dire que tous les partis — tous les partis politiques, économiques, religieux, et autres — renferment des gens méprisables ; aucun parti n'a le monopole de l'honnêteté, aucun n'a celui de la malhonnêteté. De telle sorte que le même principe énoncé plus haut peut conduire à tout refuser ou tout accorder (si l'on accorde ce qui est demandé par des gens honnêtes), suivant l'emploi qu'on en fait, suivant la façon dont on considère ceux qui soutiennent une cause.

Un autre principe qu'on applique et qu'on se refuserait à énoncer, est celui-ci :

« On ne doit pas s'occuper des causes (qu'elles soient bonnes ou mauvaises) qui ont parmi leurs soutiens des gens intéressés à ce qu'elles soient bonnes ».

C'est en application de ce principe que l'on dit à certains : « Vous ne devez pas vous occuper de l'affaire Dreyfus, parce que les israélites, intéressés à ce que Dreyfus soit innocent, soutiennent sa cause ». Je crois, en effet, jusqu'à preuve du contraire, que les israélites en général sont, de parti pris, convaincus de l'innocence du condamné ; mais les antisémites sont, de parti pris, convaincus de sa culpabilité ; et je trouve que les uns et les autres ont tort d'être de parti pris. Lorsqu'il s'agit d'une cause, il paraît logique, quand on veut savoir s'il faut la soutenir ou la combattre, de considérer la cause en elle-même, tandis que la plupart des hommes ne considèrent que ce qui est en dehors de la cause. Il y a des gens qui trouvent la cause de M. Dreyfus mauvaise, parce que les israélites (et en particulier la famille et les amis du condamné) sont avec lui, et d'autres qui la trouvent bonne, parce que les antisémites sont contre lui, et le sont depuis avant le jugement qui l'a condamné.

On a dit aussi : « Il ne faut pas vous occuper de l'affaire, parce que le point de départ de la campagne de ceux qui trouvent le jugement de 1894, soit injuste, soit illégal, soit injuste et illégal à la fois, est dans l'action de la famille et des coreligionnaires du condamné ». Je ne connais que le point de départ apparent de la campagne ; mais je suis tout disposé à croire qu'en effet c'est la famille du condamné qui a commencé à s'occuper de lui. Et je ne vois là rien de bien extraordinaire. Et je ne vois pas bien non plus le rapport que cela peut avoir avec le fond de l'affaire, qui est, je suppose, ce qui doit intéresser ceux qui réfléchissent. Il est bien évident que si personne de sa famille, de ses amis, ou de ceux qui le connaissent ne s'était intéressé au condamné, si personne n'avait parlé de l'affaire, le public n'aurait pu se douter qu'elle existait et qu'il y avait en elle des points qui méritaient d'intéresser tous les citoyens.

Bien des gens sont incapables d'abstraire, d'abstraire d'un ensemble une partie, que l'on examinera à part. Dans l'ensemble qu'on nomme l'affaire, il y a plusieurs parties à considérer : on peut étudier la cause en elle-même (avec les différents points qu'elle contient) ; on peut rechercher l'identité et les qualités de ceux qui soutiennent le pour et de ceux qui soutiennent le contre, etc.; mais il faut examiner les différentes parties séparément, et les examiner toutes, sans s'autoriser, pour ne pas étudier telle ou telle partie, de ce qu'on a la solution de telle autre partie.

On a dit aussi qu'on ne devait pas s'occuper du condamné de 1894, parce que bien des condamnés ont été jugés dans les mêmes conditions que lui sans qu'on ait parlé d'eux.

Je dis que ceux qui connaissent des faits semblables d'erreur (apparente ou réelle) et d'illégalité et ne les signalent pas sont grandement coupables. Ils le sont d'autant plus que, dans les cas qu'on pourrait signaler, l'entente de tous les hommes serait facile à faire, parce qu'on n'y ferait pas intervenir (comme dans la présente affaire), d'une façon apparente ou cachée, tous les éléments étrangers à l'affaire, comme ceux de religion, de race, de parti politique, de parti militaire, etc. : on pourrait tout examiner sans que le pays eût à souffrir d'aucun trouble.

Si certains ont, à ce qu'on affirme, commis le crime de connaître des faits semblables et de ne pas s'y intéresser, il n'est que temps de réagir contre la tendance égoïste que cela décèle, et de commencer l'action altruiste qui fera établir que la loi est égale pour tous, qu'elle protège également tous les citoyens. Nous ne pouvons nous autoriser de ce qu'il y a eu des crimes d'égoïsme commis dans le passé pour en commettre de nouveaux. Au lieu de dire : « Des crimes d'égoïsme ont été commis, commettons-en un de plus », nous devons dire : « Déjà assez de crimes d'égoïsme ont été commis, il est parfaitement inutile d'en commettre un de plus ».

Les petits sont aussi intéressants que les grands, les pauvres que les riches. Les hommes sont aussi intéressants les uns que les autres, les causes seules peuvent l'être différemment ; et il faut étudier les causes, abstraction faite de ceux qui sont en cause.

Nous avons montré qu'il y a des principes que l'on énonce et qu'on n'applique pas, et d'autres qu'on n'énonce pas et qu'on applique inconsciemment. L'action de l'inconscient est ici cause d'erreur.

[Les causes d'erreur signalées ici étant connues, il importe, après le premier jugement, d'apporter les corrections auxquelles ces causes d'erreur peuvent donner lieu, afin que le jugement définitif, rectifié, soit conforme à la réalité.

Ce procédé des corrections, fort usité aujourd'hui en physique, pour les mesures, resserre l'erreur possible entre des limites suffisamment rapprochées.] [*Méth. d. les Sc. exp.*, p. 361].

L'ESPRIT ET LE COEUR — RAISONNEMENT AFFECTIF [p. 363].

[On est enclin à croire que, lorsqu'on porte un jugement sur une idée, les raisons qui font juger de telle ou telle manière sont intellectuelles, exclusivement intellectuelles : il n'est pourtant pas besoin d'observer et de réfléchir longtemps pour que chacun trouve, dans les jugements des autres d'abord, et dans les siens propres ensuite, des motifs de décision qui sont, non de l'ordre intellectuel, mais de l'ordre affectif.

Le *raisonnement affectif* — si l'on peut ainsi parler, en forçant un peu les termes (1) — conduit plus souvent à l'erreur qu'à la vérité : c'est pourquoi il faut s'en défier.

Il est facile d'observer que — toutes choses égales d'ailleurs —, on admet plus facilement les idées de ceux que l'on aime que celles de ceux que l'on n'aime pas, on trouve leurs raisonnements plus justes; et c'est un élément affectif qui nous fait juger ainsi, élément affectif qui souvent a moins d'im-

_____

(1) L'expression « raisonnement affectif » ne se comprendrait guère en logique, mais elle se comprend en psychologie.

portance dans notre jugement que l'élément intellectuel, mais qui parfois est assez fort pour dominer l'élément intellectuel et le réduire à rien.

Inversement, les idées scientifiques ou intellectuelles de ceux qu'on n'aime pas ne sont pas tenues pour bonnes (à moins qu'elles ne soient déjà dans la circulation et acceptées par un grand nombre de personnes).

Quand, sortant du domaine purement intellectuel, on pénètre dans le domaine des idées morales, puis des sentiments, la façon dont chacun apprécie les idées et les sentiments des autres devient très nette. Si une bonne action est faite par un ennemi, on attribuera sa détermination, non à un bon sentiment, mais à un calcul d'intérêt plus ou moins caché, à une idée amorale. On fera l'inverse, si la même action est accomplie par un ami (1).

_____

(1) Un des meilleurs exemples à donner de la fantaisie que l'on peut mettre dans l'interprétation des faits est celui que fournit la fabrication par M. Henry de la lettre fausse. Suivant qu'on est de son parti ou du parti adverse, on trouve que son action est très belle, ou, au contraire, qu'elle est fort laide.

On juge les idées, les sentiments et les actions d'un ami comme les amoureux jugent les qualités physiques et morales de celle qu'ils aiment.

> Et dans l'objet aimé, tout leur devient aimable;
> Ils comptent les défauts pour des perfections,
> Et savent y donner de favorables noms :
> La pâle est au jasmin en blancheur comparable,
> La noire à faire peur, une brune adorable;
> La maigre a de la taille et de la liberté;

On peut dire que, en principe, dans tout raisonnement — même portant sur un sujet purement intellectuel — il y a des raisons affectives qui interviennent, d'une importance plus ou moins grande, mais toujours présentes. Tout jugement est conditionné en partie par des raisons affectives : il faut, pour raisonner juste, être prévenu de leur présence et se garder contre elles.

Parmi les tendances intellectuelles qui sont des manifestations ou des concomitants des raisons affectives, il faut citer la tendance à conserver toujours les mêmes idées. Changer d'idées cause d'ordinaire de la fatigue et du déplaisir ou de la douleur; conserver — ou plutôt confirmer — ses idées anciennes cause du plaisir; et pour avoir du plaisir, nous tenons à voir confirmer nos idées anciennes et infirmer les nouvelles que d'autres personnes présentent.

Quand la raison, si elle agissait seule, devrait infirmer un premier jugement, notre cœur — ou la partie affective de nous-même — résiste; et ainsi, nous n'acceptons pas une idée, nous ne portons

La grasse est dans son port pleine de majesté;
La malpropre sur soi, de peu d'attraits chargée,
Est mise sous le nom de beauté négligée;
La géante paraît une déesse aux yeux
La naine un abrégé des merveilles des cieux;
L'orgueilleuse a le cœur digne d'une couronne;
La fourbe a de l'esprit, la sotte est toute bonne;
La trop grande parleuse est d'agréable humeur,
Et la muette garde une honnête pudeur.

(MOLIÈRE.)

5.

pas un jugement, parce que l'idée ou le jugement
est juste, mais parce qu'il nous plaît. Le premier
jugement que nous portons sur les choses est d'ordinaire un jugement d'origine affective, qui peut
être rectifié par un raisonnement intellectuel, mais
qui ne l'est pas nécessairement, et même qui ne
l'est pas souvent dans les choses de la vie courante.

Au premier moment du raisonnement, nous portons un jugement dans tel ou tel sens, non parce
que la raison nous presse dans ce sens (l'idée ou le
raisonnement à juger étant réellement juste), mais
parce que c'est en allant dans ce sens que nos tendances seront satisfaites.

Le premier jugement (qui peut être bon ou mauvais, vrai ou faux), porté avant que les bonnes raisons intellectuelles aient agi, pourrait être nommé
un « préjugement » ou un « préjugé ».]

Le préjugement s'incruste pour ainsi dire dans
notre cerveau, et il faut, pour s'en débarrasser complètement, une grande énergie morale et une luci-
dité d'esprit très grande. Il s'incruste d'autant plus
que les passions ont plus agi pour le faire. Aussi,
dans le cas présent, je me défierais fort du jugement porté après examen de l'affaire par celui qui
est dès à présent certain de la culpabilité de Dreyfus,
et je me défierais fort du jugement porté après
examen de l'affaire par celui qui est dès à présent
certain de l'innocence de Dreyfus. L'un et l'autre
seraient de mauvais juges, parce qu'il leur faudrait
une force presque surhumaine pour ne pas se laisser influencer par le préjugement.

Il est fort intéressant, dans la présente affaire, de rechercher les raisons affectives qui commandent le jugement des uns et des autres — raisons que la raison ne connaît pas directement, parce qu'elles sont, non de son domaine, mais de celui du cœur. — Je commence par mettre à part les personnes, très peu nombreuses, à mon avis, qui se laissent guider par la pure raison.

Beaucoup — avec leur façon bizarre d'interpréter les choses — ont vu, d'une façon plus ou moins distincte, dans l'affaire (ils y ont vu ce qu'ils y ont mis)(1) la lutte entre les civils et les militaires; et ils ont pris parti d'un côté ou de l'autre, en ayant pour prétexte les intérêts d'un citoyen ou ceux de la France. Le prétexte est ici une raison de l'esprit; la véritable raison est une raison du cœur : l'amour ou la haine (si le mot n'est pas trop fort) de l'uniforme. La véritable raison des jugements, bien peu savent la découvrir en eux-mêmes, et c'est de bonne foi que beaucoup donnent le prétexte comme si c'était la véritable raison. Chacun croit être conduit par les raisons de l'esprit, et beaucoup protesteraient si on leur soutenait que ce sont d'autres raisons qui les poussent.

Si j'avais des éléments suffisamment nombreux

(1) Maintenant qu'on a mis dans l'affaire bien des choses étrangères, ces choses s'y trouvent, et l'on doit les examiner. Il faut cependant examiner ces choses séparément, et bien voir que c'est par abus qu'on met dans l'affaire Dreyfus proprement dite des choses qui ne sont qu'à côté en réalité, ou naturellement, et qui en réalité lui sont toujours étrangères, et en sont réellement indépendantes.

entre les mains, je ferais une statistique, je compterais : ceux qui n'ont pas fait de service militaire ; ceux qui, en ayant fait, sont restés simples soldats ; ceux qui ont acquis des grades quelconques ; ceux qui sont devenus officiers. Si j'en juge par les quelques éléments que je possède, je crois fort que la majorité de ceux qui n'ont pas fait de service militaire, et qui, par conséquent, n'ont pas eu à se plaindre de ce qu'on appelle les rigueurs du service, sont opposés à la revision du procès Dreyfus (ou sont contre Dreyfus, comme on dit d'ordinaire) ; la majorité de ceux qui sont devenus officiers — de l'armée active, de la réserve, ou de l'armée territoriale —, et qui, par conséquent, ont eu à se louer des résultats de leur passage dans l'armée, sont opposés à la revision ; ceux qui sont restés simples soldats se sont rangés dans un parti ou dans l'autre, suivant qu'ils croient ou ne croient pas avoir eu à se plaindre de leurs supérieurs.

Plus la lutte des partis dure, plus le fossé qui les sépare se creuse (parce que, en particulier, les raisons anciennes répètent leur action), plus les passions qui causent le mal sont excitées.

Chacun considère l'affaire sous son point de vue (souvent sans savoir au juste quel est son point de vue), et la voit autrement que ne le fait son voisin. L'un voit ses intérêts pécuniaires en souffrance, et il est en colère contre ceux à qui il pense devoir ce résultat. L'un aime le doré : il est content d'en voir sur son uniforme ou sur celui des autres, et il ne comprend pas qu'on puisse avoir tort quand on

a du doré sur ses vêtements; l'autre se plaint de
n'avoir pas été heureux lorsqu'il faisait son service
militaire, et il ne comprend pas qu'on puisse être
du parti de ceux qui ont du doré sur leurs vêtements et qui, par suite, ont le droit de lui commander. L'un n'aime pas les Juifs en général (il a parfois de bonnes raisons pour cela), et, sans se préoccuper du fond de l'affaire, il est contre le Juif. Un
autre est israélite, et, sans étudier suffisamment le
fond de l'affaire, il est favorable à son coreligion-
naire.

Assez souvent, celui qui préjuge ainsi trouve,
pour légitimer son dire, ce qu'il appelle de bonne
foi des raisons, mais ce qui n'est en réalité que des
prétextes. Il fait comme le malade atteint de *mé-
lancolie*, qui trouve, pour expliquer les tourments
moraux qui l'assiègent (et qui sont dus à des causes
organiques), des prétextes empruntés aux faits, vrais
ou imaginaires, qui l'entourent, prétextes qu'il
donne de bonne foi comme les raisons de son
mal.

L'un est clérical : il sait ce que c'est que la foi;
il aime qu'on ait foi en tels et tels hommes, et,
en particulier, en ceux qui conduisent au feu les
défenseurs du territoire. L'autre est libre-penseur :
il n'admet pas la foi dans les affaires de religion, et
il est peu porté à l'admettre dans les autres affaires.
L'un et l'autre trouvent dans les faits de l'affaire des
motifs de détermination pour se ranger dans l'un
ou l'autre parti, et ils ne voient pas ce qui les
pousse réellement.

L'un est monarchiste, et il croit que « son monarque » pourra tirer quelque profit de la confusion présente et de la division du parti qui détient le pouvoir : il entre dans la lutte, et il choisit le camp où se trouvent déjà ses amis, les gens de foi, et il défend ceux qui représentent pour lui les produits du sang le moins impur, et dans le groupe desquels il a un parent, ou au moins un ami. L'autre est républicain : les mots *liberté, égalité, fraternité, justice* lui plaisent — et parfois aussi les choses qu'ils représentent —; on lui a dit que l'égalité de tous les citoyens devant la Justice n'a pas été observée, qu'un israélite a été condamné parce qu'il était israélite, et son amour pour l'égale justice lui fait affirmer, avant qu'il ait étudié l'affaire, que l'israélite Dreyfus est innocent.

Le socialiste n'aime pas le militarisme, et il trouve que les chefs militaires doivent d'autant plus avoir tort qu'ils sont plus haut placés sur l'échelle des grades.

L'anarchiste hait tout pouvoir, toute contrainte, et il prend parti contre ceux qui peuvent le contraindre.

Chacun met artificiellement dans l'affaire, qui est naturellement simple, bien des choses qui ne devraient pas s'y trouver; et l'affaire en est tellement déformée, que celui qui juge par pure raison ne pourrait plus maintenant la reconnaître, si l'étude et l'expérience ne lui avaient déjà appris que les déformations de ce genre sont fréquentes.

Tous parviennent à trouver, pour expliquer leur

entrée dans un parti et leur affirmation de la culpabilité ou de l'innocence du condamné, des raisons intellectuelles empruntées aux circonstances de l'affaire, et ils ne voient pas les raisons qui les conduisent, les raisons affectives, plus profondes, qui sont en eux et non dans les circonstances de l'affaire.

[L'observation montre que souvent, comme dans le cas présent, l'esprit humain, quand il juge une question, fait les opérations dans l'ordre suivant :

1° Jugement affectif et *à priori* — ou préjugé — sur la question inconnue...

2° Recherche des raisons qui peuvent soutenir ce jugement. Quand les raisons n'existent pas ou ne sont pas connues, on les forge de toutes pièces.

C'est là la suite naturelle des opérations de l'esprit humain. L'homme de science, qui est prévenu, ne laisse pas son esprit suivre cette voie; il renverse l'ordre des stades et complète l'étude ainsi :

1° Recherche des raisons pour et contre la proposition énoncée.

2° Jugement purement intellectuel (pour ou contre, suivant le cas), *à posteriori* et motivé.]

[*Méth. d. les Sc. exp.*, p. 378].

PRÉJUGÉS [p. 366].

[Nous prenons ici le mot *préjugé* dans son sens étymologique, qui est un sens large — et qui comprend le sens usuel —, et non dans son sens usuel, défavorable, qui est un sens restreint.

Nous appelons *préjugé* le jugé fait d'avance, le jugement fait d'avance, c'est-à-dire le jugement porté sur un fait (qui est tenu pour vrai ou pour faux) avant qu'on ait entendu les raisons pour lesquelles il est vrai ou il est faux (1).

---

(1) Beaucoup emploient l'expression « idée préconçue » avec le sens que nous donnons ici au mot « préjugé ».

Le mot préjugé nous semble correspondre mieux à la chose désignée que l'expression idée préconçue, et mieux montrer son rôle, actif et passif. L'idée préconçue peut être, par exemple, l'hypothèse que le savant imagine pour expliquer les faits connus, et à laquelle il ne croit guère jusqu'à ce qu'il l'ait vérifiée, mais qui lui sert de guide ou de base pour les expériences qu'il va instituer. Le savant peut avoir une idée préconçue, qui est un instrument provisoire, mais au sujet de laquelle il n'affirme aucun jugement définitif (ou donné comme définitif). L'idée préconçue peut aussi faire affirmer un jugement que l'on croit définitif, et alors elle produit le préjugement, elle est un préjugé.

« L'idée préconçue », telle qu'on l'entend d'ordinaire dans la science, est, si l'on veut, un genre, qui contient les deux espèces : « idée préconçue du savant », idée qui est tenue pour provisoire, et « idée préconçue de l'ignorant », ou « préjugé » proprement dit, idée

Nous avons dans l'esprit un certain nombre d'i-
dées faites sur la plupart des sujets, un certain nombre de jugements — basés sur des raisonnements
justes ou faux, — qui nous servent de guide dans
la vie. C'est une chose nécessaire que d'avoir un certain acquis de jugements tout faits, qui nous servent
à résoudre toutes les petites questions de la vie : s'il
nous fallait, à chaque fois que nous voulons faire le
plus petit mouvement du bras ou de la tête, ordonner un raisonnement en règle avant de juger si nous
devons le faire ou non, s'il produira de bons effets
ou non, l'immobilité (et la mort qui la suivrait) serait la seule solution logique de l'état psychologique
présenté. Il faut que nous ayons à chaque moment
des jugements portés sur certains cas déterminés —
qui seront comme des étalons, — auxquels nous
comparerons sommairement les cas divers au fur et
à mesure qu'ils se présenteront à nous, cas nouveaux
sur lesquels nous porterons — rapidement et presque inconsciemment — un jugement analogue à celui déjà porté sur les cas-étalons (1).

---

qui est tenue pour définitive. (Il y a entre les deux espèces des termes
de passage). La seconde espèce est celle à laquelle on fait le plus
souvent — ou exclusivement — allusion dans le vulgaire ou en dehors
de la science, c'est à elle que s'applique le mieux le mot préjugé, et
c'est elle que nous combattons ici.

(1) Les cas-étalons eux-mêmes sont sujets à vérification, car
l'homme ne doit jamais se vanter de tenir la vérité éternelle. Il faut
les vérifier, quand une contestation se produit à leur sujet, et que la
discussion est demandée sérieusement par des gens sérieux et entendus.
On peut croire à la vérité ou à la justesse des cas-étalons, on ne
peut y avoir foi : on ne peut faire de leur acceptation un article de foi.

Dans la science, il est bon d'user le moins possible des préjugés, des jugements faits d'avance et des cas-étalons. Il n'y a guère qu'en mathématiques qu'on puisse les accepter, parce que là, les mesures étant exactes, il est toujours facile de voir si le cas présenté correspond exactement ou non au cas-étalon, et il est aussi plus facile de voir avec netteté les divers chaînons de la chaîne du raisonnement et d'apercevoir les solutions de continuité, s'il y en a.

Dans les sciences expérimentales, la comparaison du cas présent au cas type ne peut être faite que difficilement; aussi doit-on la faire avec grande attention. Quand on fait un raisonnement pour découvrir une vérité, il faut se garder du jugement porté d'avance sur le point cherché, parce que ce préjugement conduit à fausser le raisonnement et à mal voir les faits. Par exemple, l'auteur qui a émis une théorie, qu'il juge bonne, sera porté à trouver bons les raisonnements qui vont dans le sens de sa théorie (et mauvais ceux qui lui sont contraires), et à trouver exacts les faits qui concordent avec elle (et inexacts, mal observés, ceux qui lui sont contraires).

On peut dire d'une manière générale : quand un fait est jugé vrai, on a une tendance à trouver bons tous les raisonnements (bons ou mauvais) qui prouvent qu'il est vrai, et mauvais tous les raisonnements qui prouvent qu'il est faux.

Et inversement :

Quand un fait est jugé faux, on a une tendance à

trouver bons tous les raisonnements (bons ou mauvais) qui prouvent qu'il est faux, et mauvais tous les raisonnements qui prouvent qu'il est vrai.

C'est là une tendance, non pas dont il soit impossible de se rendre maître, mais dont il faut se méfier, précisément parceque, en se méfiant, on est mieux préparé à ne pas se laisser entraîner par elle.

Cette influence du préjugement sur l'appréciation que l'on fait d'un raisonnement est tellement forte, qu'elle produit ses effets même là où l'on ne s'attendrait pas à les trouver, même en mathématiques.]

[Si le préjugement a parfois une influence très sensible sur l'appréciation des raisonnements mathématiques, cette influence est plus marquée et de beaucoup plus fréquente dans les raisonnements de la vie courante.

Dans les sciences expérimentales, on est conduit à faire des hypothèses pour expliquer les faits ou les groupes de faits. Quand un auteur a imaginé une hypothèse qui semble rendre compte assez bien de quelques faits, il est disposé à croire que son hypothèse peut expliquer tous les faits se rapprochant quelque peu des premiers. Poussé par la tendance dont nous parlons dans ce chapitre, et jugeant d'avance que son hypothèse peut expliquer tel fait déterminé, il est porté à accepter facilement les raisonnements explicatifs qui montrent l'explication valable, tandis qu'il repoussera assez facilement les raisonnements à conclusion contraire.

L'influence du préjugement ne se fait pas seulement sentir lorsqu'il s'agit de tenir pour bon ou mauvais un raisonnement, mais encore lorsqu'il s'agit de tenir pour vrai ou pour faux (pour bien ou pour mal observé) un fait. Une théorie étant jugée d'avance bonne, nous avons une tendance à tenir pour bien ou mal observé le fait qui s'y rapporte, suivant qu'il cadre ou non avec la théorie.

C'est là une tendance, mais ce n'est qu'une tendance, et l'homme de science ne se laisse pas nécessairement entraîner par elle, surtout quand il est prévenu contre ses effets dangereux pour la justesse des appréciations.

Claude Bernard développe très bien ce que nous venons de dire après lui sur l'influence que l'hypothèse conçue par un homme de science exerce sur l'appréciation qu'il fera des raisonnements ou des faits se rapportant au sujet étudié.

Si du domaine des sciences expérimentales nous passons à celui de la vie courante, — où l'on fait aussi des raisonnements, qui devraient être justes et basés sur des faits méthodiquement jugés —, cette influence est encore plus facile à saisir. Il arrive à tous d'observer, chez les autres, la facilité avec laquelle chacun accepte le raisonnement d'une personne qui est de son avis et repousse le raisonnement de ceux qui sont d'un avis contraire au sien, de ceux qui portent sur un sujet déterminé un jugement différent du sien. Les discussions politiques, entre autres matières, montrent des exemples très nets de ce fait. Si vous voulez observer un cas aussi clair que possible, faites ainsi.

Dans une discussion avec une personne qui n'est

pàs de votre avis, faites, pour prouver votre dire, un raisonnement assez long, prenez les choses d'un peu loin, tout en ne perdant pas de vue dans la chaîne du raisonnement le dernier chaînon, votre conclusion, qui est contraire à celle de votre adversaire : chaque fois que vous arrivez à un nouveau chaînon de votre raisonnement, à une conclusion partielle, demandez l'avis de celui avec qui vous discutez. Tant qu'il ne verra pas où vous le menez, qu'il ne verra pas qu'en accordant les conclusions partielles il va être contraint d'accorder la conclusion définitive, qui est contraire au jugement qu'il a tout fait dans son esprit, il approuvera vos conclusions; aussitôt qu'il verra que vous le conduisez à un jugement contraire à celui qu'il a d'avance porté, il refusera d'approuver vos conclusions partielles, bien qu'il n'ait pas de raisons à leur opposer.]

Le jugement porté d'avance peut être juste ou faux; mais, s'il agit, ce n'est pas parce qu'il est juste ou parce qu'il est faux, c'est parce qu'il est préjugement. Au préjugement se rapporte tout ce qui touche à la foi.

La foi, telle que je l'entends ici, est la croyance aveugle en la véracité de quelqu'un ou en la vérité de quelque chose, — croyance telle que, même lorsqu'il est possible de vérifier les faits affirmés par la croyance, l'homme qui a la foi ne veut pas les vérifier —. L'homme de foi juge d'avance — avant toute vérification ou tout raisonnement — vrai ce que lui affirme l'homm en qui il a foi.

D'ordinaire, quand on parle de foi, on fait allusion seulement à la foi religieuse. Mais la foi, cette confiance aveugle, peut s'appliquer à bien d'autres choses que les affaires de religion.

Les docteurs du moyen âge avaient la foi scientifique, eux qui croyaient, sur sa simple affirmation, tout ce qu'Aristote avait dit (ou même tout ce qu'on lui avait fait dire) sur les choses de science. « Magister dixit » était l'expression de leur foi scientifique. Tout ce qu'il avait dit — et quelques autres avaient dit — était vrai (pour eux), et tout ce qu'il avait nié et tout ce qu'il n'avait pas dit était faux. Ils avaient la foi religieuse pour les affaires de religion, et la foi scientifique pour les affaires de science : avec ces deux fois, le domaine du raisonnement se trouvait fort restreint, et le raisonnement ne fatiguait sans doute guère leur intelligence.

La foi se comprend quand elle porte sur les choses de la religion. Lorsqu'il s'agit de faits que personne ne peut contrôler, et qui, d'ailleurs, sont tellement au-dessus de l'intelligence humaine que les plus intelligents des hommes n'ont pu les expliquer suffisamment pour les esprits plus faibles que le leur, il est permis de se réfugier dans la foi. Mais, lorsqu'il s'agit de faits que l'on peut contrôler et qui ne sont pas au-dessus de l'intelligence humaine, la foi n'est plus permise, et l' « autorité » des hommes ne compte plus : celle des raisons seule doit compter (1).

_____

(1) La foi, qui dispense de réfléchir, est d'ordinaire un objet à l'usage des esprits débiles. Par exception, dans la présente affaire,

[Il n'en est pas de même des sujets qui tombent sous le sens ou sous le raisonnement : l'autorité (des hommes) y est inutile ; la raison seule a lieu d'en connaître...

L'éclaircissement de cette différence doit nous faire plaindre l'aveuglement de ceux qui apportent la seule autorité pour preuve dans les matières physiques, au lieu du raisonnement et des expériences...

Partageons avec plus de justice notre crédulité et notre défiance, et bornons ce respect que nous avons pour les anciens...

Cependant il est étrange de quelle sorte on révère leurs sentiments. On fait un crime de les contredire (les anciens) et un attentat d'y ajouter, comme s'ils n'avaient plus laissé de vérités à connaître...

Il (l'homme) est dans l'ignorance au premier âge de sa vie ; mais il s'instruit sans cesse dans son progrès : car il tire avantage non seulement de sa propre expérience, mais encore de celle de ses prédécesseurs ; parce qu'il garde toujours dans sa mémoire les connaissances qu'il s'est une fois acquises, et que celles des anciens lui sont toujours présentes dans les livres qu'ils en ont laissés. Et comme il conserve ces connaissances, il peut aussi les augmenter facilement ; de sorte que les hommes sont aujourd'hui en quelque sorte dans le même état où se trouveraient ces anciens philosophes, s'ils pouvaient avoir vieilli

---

on trouve dans l'un et l'autre parti des gens intelligents qui refusent de faire appel à la raison et se réfugient dans la foi.

jusques à présent, en ajoutant aux connaissances qu'ils avaient celles que leurs études auraient pu leur acquérir à la faveur de tant de siècles. De là vient que, par une prérogative particulière, non seulement chacun des hommes s'avance de jour en jour dans les sciences, mais que tous les hommes ensemble y font un continuel progrès à mesure que l'univers vieillit, parce que la même chose arrive dans la succession des hommes que dans les âges différents d'un particulier. De sorte que toute la suite des hommes, pendant le cours de tant de siècles, doit être considérée comme un même homme qui subsiste toujours et qui apprend continuellement : d'où l'on voit avec combien d'injustice nous respectons l'antiquité dans ses philosophes; car, comme la vieillesse est l'âge le plus distant de l'enfance, qui ne voit que la vieillesse dans cet homme universel ne doit pas être cherchée dans les temps proches de sa naissance, mais dans ceux qui en sont les plus éloignés? Ceux que nous appelons anciens étaient véritablement nouveaux en toutes choses, et formaient l'enfance des hommes proprement; et comme nous avons joint à leurs connaissances l'expérience des siècles qui les ont suivis, c'est en nous que l'on peut trouver cette antiquité que nous révérons dans les autres.]

(PASCAL.)

L'autorité des anciens, si grands qu'ils soient, ne prouve rien : ils n'ont pas tout vu; et ce qu'ils ont vu, ils l'ont souvent mal vu. L'autorité des modernes ne prouve rien : ils n'ont pas tout vu; et ce qu'ils ont vu, ils l'ont souvent mal vu.

Les savants, si grands qu'ils soient, peuvent se tromper, et se trompent en effet, et leurs affirmations ne prouvent rien; les hommes, si savants et si honnêtes qu'ils soient, peuvent se tromper et se trompent, et leurs affirmations ne prouvent rien (1).

On peut se résigner à ne pas vérifier une affirmation, lorsque les circonstances ne permettent pas de le faire; mais on ne peut jamais dire, ou admettre, que logiquement il n'est pas nécessaire de vérifier.

La foi ou croyance aveugle s'applique aux faits et à ceux qui les affirment. Croire aveuglément ce qu'affirme un homme et croire aveuglément que cet homme n'affirme que des choses vraies, cela revient au même. La confiance aveugle est absurde logiquement, mais pratiquement elle peut avoir des avantages (elle qui peut soulever des montagnes) : c'est ainsi que la confiance aveugle de ceux qui obéissent dans ceux qui commandent est, sur le champ de bataille, un sérieux élément de succès; croire que l'ordre qu'on a à exécuter est le meilleur de tous ceux qui pouvaient être imaginés, cela donne au soldat un entrain et une quiétude qui sont bien faits pour contribuer à la victoire. (Chercher à détruire cette confiance, c'est vouloir accomplir une

_____

(1) Si j'avais à énoncer des articles de foi à l'usage des gens de science, mon catéchisme contiendrait ce seul article :
« L'homme peut se tromper et se trompe ».

œuvre funeste.) Que deviendrait une armée dans laquelle chaque officier ou chaque soldat voudrait discuter les ordres reçus, en prétendant que son avis est meilleur que celui de ses chefs? La confiance aveugle est ce qu'on peut imaginer de mieux, lorsqu'il s'agit de manœuvrer sur le champ de bataille; c'est ce qu'on peut imaginer de pire, lorsqu'il s'agit de raisonnement. Rien de plus utile sur le champ de bataille, rien de plus funeste dans le raisonnement.

Une des causes (ou l'un des concomitants) de la confiance aveugle, qui fait juger d'avance que tout ce qui va être dit ou fait sera ou bien très vrai ou bien très bon, c'est l'esprit de parti.

L'homme est un animal doué de raison; mais, raisonner le fatigue. Aussi, comme il veut éviter la fatigue, s'emploie-t-il le moins possible à discuter avec soi-même les opinions, et préfère-t-il assimiler directement les opinions digérées par d'autres. Il fait comme le malade dont l'estomac débile ne peut accomplir tout le travail de la digestion et auquel on ordonne l'ingestion de peptone. Un ou quelques hommes, les chefs de parti, s'occupent de digérer les opinions pour la foule, et on accepte le produit de leur fabrication, que l'on cherche à assimiler directement sans travail. Cela ne fatigue guère le cerveau, et l'on se procure ainsi des idées à prix réduit. Moutons de Panurge, nous suivons docilement celui qui marche en tête, le chef du parti, où que sa fantaisie le fasse aller : nous avons abdiqué entre ses mains notre couronne, la raison. On suit d'au-

tant plus facilement, et l'on est d'autant plus per-
suadé que la voie suivie est bonne, que l'on est
plus nombreux à suivre ensemble : il s'opère dans
le troupeau, entre tous ceux qui suivent, une sorte
de suggestion mutuelle (1).

Il y a un certain nombre de questions (en dehors
même des questions scientifiques) qui agitent tout
un peuple : ce sont, par exemple, les questions religieuses, politiques, etc. Et il s'est formé dans les
peuples des partis politiques, religieux, etc. L'isole-
ment, aussi bien quand il touche aux choses de l'esprit que lorsqu'il est matériel, n'est pas agréable à
l'homme; et chacun, sentant qu'il serait mal pour
marcher seul et pour raisonner seul, se laisse enré-
gimenter (2). Et, une fois enrégimenté, il répète les
sottises que les conducteurs du parti peuvent dire;
et, s'ils disent des choses sensées, il les répète,
mais on ne peut lui en attribuer aucun mérite, car
il le fait mécaniquemement, comme l'écho : il n'est
pas homme pensant, il est phonographe.

Celui qui entre dans un parti, le choisit parce que

---

(1) On arrive parfois ainsi au consentement universel. Le consentement univer el avait établi, avant Copernic, que la terre était
immobile; et la terre, qui s'inquiétait peu de l'avis des hommes et
du consentement universel, continuait à tourner sur elle-même autour du soleil.

(2) Il faut savoir être parfois seul de son avis. Il le faut, quand
tous ceux qui pensent se trompent. Les découvertes scientifiques, en
particulier (sans compter les découvertes comme celle de l'Amérique),
se sont faites, parce qu'il s'est trouvé un jour un homme qui n'a pas
craint d'être seul de son avis et de le dire.

son tempérament, ou ses secrets penchants, ou même ses intérêts l'y poussent; et il croit le faire parce que l'intérêt de la patrie l'y détermine. Une fois qu'il y est entré, il trouve bons les actes (bons ou mauvais) que le parti accomplit, et il trouve bons les raisonnements (bons ou mauvais) que les chefs du parti font, ou semblent faire. Comme il croit que le parti dans lequel il est entré est celui qui comprend le mieux les intérêts de la patrie et qui les soutient le mieux — ou les soutient seul —, il est disposé à voir en ceux qui ne sont pas de son parti des gens qui compromettent ces intérêts, et, par conséquent, des ennemis, des ennemis de la patrie. L'habitude que chacun a de voir que les idées qu'il exprime sont celles de son parti (parce que dans le même parti on se copie mutuellement) fait qu'il croit toujours que l'idée qu'il va exprimer est celle de son parti, celle du parti qui seul soutient les intérêts du pays : il pense que ceux qui ne disent pas comme lui sont les ennemis de son parti et, par conséquent, de la patrie. Alors, s'il est patriote (et si les avis sont très différents, et si les passions sont très agitées, comme dans le cas présent), celui qui voit ainsi demande qu'on mette à la raison en employant la violence, il demande qu'on tue même (comme le font certains sectaires) ceux qui ne sont pas de son avis. L'esprit de parti fait dire : « Ce que veut ou dit mon parti est ce qui sauve la France; ce que je veux ou dis est ce que mon parti veut : donc, ce que je veux est ce qui sauve la France ». Quelle force ne donne-t-elle pas à une conscience, lorsqu'il s'agit de prêcher l'extermination, l'idée que ceux que l'on combat sont les ennemis de la patrie!

Et, dans le cas présent, on trouve, dans les deux partis, des gens qui croient sauver la France en demandant qu'on emprisonne et anéantisse leurs adversaires.

Il est peu de gens qui sachent n'être d'aucun parti, il en est peu qui aient conservé assez de liberté d'esprit pour pouvoir discuter chaque question sans se préoccuper, même inconsciemment, de savoir si l'intérêt de leur parti veut que la solution soit telle ou telle. Se laisser embrigader dans un parti, c'est se condamner à voir tout mal ou faux, au moins tout ce qui touche aux questions intéressant le parti, c'est regarder à travers des verres colorés ou à surface gauchie : tous les objets apparaissent alors avec une forme ou une couleur qui ne leur appartient pas. Lorsqu'on s'est laissé embrigader, il faut avoir un esprit scientifique tellement développé, pour pouvoir réagir contre l'entraînement et ne pas accepter comme arguments valables les sottises dites par les gens du parti, que le plus sûr, pour celui qui veut raisonner juste, est de se tenir loin des partis (1). Ceux qui sont capables de résister bien qu'ils appartiennent à un parti, seraient vite comptés; et, comme ce

---

(1) Il faut, pour pouvoir raisonner comme un *solitaire* alors qu'on appartient déjà à un groupe (sinon à un parti), un esprit scientifique tellement développé, qu'il y a bien peu d'hommes qui puissent se flatter de l'avoir tel.

serait montrer quelque présomption si l'on faisait
autrement, chacun de nous (même celui qui prê-
che avec le plus de conviction, comme l'auteur
de ces pages) doit se ranger au nombre de ceux qui
se laisseraient entraîner, et, par suite, il doit fuir
les partis; si l'on n'est pas attentif, si l'on s'approche trop et qu'on laisse prendre un doigt dans
l'engrenage, tout y passe : si l'on accepte un
mauvais raisonnement, qui plaît pour des raisons
qui viennent du cœur, pour des raisons de parti,
tous les raisonnements seront faussés, on ne pourra
plus revenir sur ses pas, on sera entraîné par le
courant du parti pris.

Le meilleur des partis est un parti abominable,
lorsqu'on le considère au point de vue de la justesse
des raisonnements qu'il fait faire. La meilleure
des passions (celle du patriotisme, par exemple)
est une passion abominable, lorsqu'on la considère au point de vue de la justesse des raisonnements qu'elle fait faire; car toutes les passions, par
le seul fait qu'elles sont passions, font naître l'esprit de parti, qui fausse le jugement et fait juger
d'avance, fait préjuger, la justesse du raisonnement
que l'on va faire.

Gardez-vous de l'esprit de parti. Comme les
sirènes, il charme, il fait trouver facile la route
du raisonnement, il endort la raison, et il perd
celui qui l'écoute et s'abandonne. Comme Prôtée,
il prend toutes les formes, pour échapper à l'action qu'on voudrait exercer sur lui. Comme les
plaies d'Égypte, s'il ne réussit pas à vous perdre

dans un premier combat, il devient autre, afin d'avoir une action plus puissante. Comme l'hydre de Lerne, lorsque vous croirez l'avoir vaincu et anéanti, il renaîtra, plus fort encore, si vous avez négligé de le détruire entièrement, si vous avez eu l'imprudence de laisser intacte une faible partie de lui-même. Si vous vous laissez toucher par l'esprit de parti, cette tunique de Nessus, rien ne vous servira d'être Hercule, il faudra succomber. Laissez-le agir un peu sur votre raisonnement,

> Laissez-lui prendre un pied chez vous,
> Il en aura bientôt pris quatre.

Celui qui parviendrait à inspirer à tout un peuple, ou tout au moins à la majorité de ceux qui le composent, l'horreur de l'esprit de parti aurait fait, pour le bien du peuple, plus que le plus grand de ses bienfaiteurs.

Comme le prescrivent Descartes et tous les logiciens, évitez soigneusement la prévention, d'où qu'elle vienne : faites en sorte que, lorsque vous aurez à examiner un raisonnement ou une chose quelconque, vous ne soyez prévenu, ni contre la chose, ni en faveur de la chose.

Si l'on veut étudier l'influence de l'idée préconçue, et voir jusqu'à quel point elle peut déterminer et fausser le jugement des hommes, sans que les sujets s'en doutent, il faut faire l'étude de l'acte d'accusation de 1894 contre le condamné Dreyfus. Cet acte d'accusation est un monument de fantaisie,

— de la fantaisie la mieux caractérisée —, et, comme tel, il mérite de demeurer classique (1).

J'ajoute que, s'il ne prouve pas la culpabilité du condamné, il ne prouve pas non plus son innocence : il ne prouve rien du tout. Je ne goûte guère la façon de raisonner de ceux qui disent, ou admettent inconsciemment, que tout doit être une preuve, et que, par suite, tout ce qui ne prouve pas *contre* prouve *pour*. Je pense, tout au contraire, que bien des choses ne prouvent rien, et en particulier les mauvais raisonnements, très nombreux, que l'on fait à propos de tout, et que l'on trouve, d'ailleurs, excellents. Si l'on s'avisait de m'accuser de trahison, il est fort probable que l'acte d'accusation que l'on établirait à ce sujet ne relèverait contre moi que des charges assez faibles (à moins, toutefois, que la fantaisie ne se donnât libre carrière); mais la faiblesse des charges présentées ne prouverait pas mon innocence, car je puis avoir commis des crimes dont on n'a pas encore connaissance, ou dont on n'a pas encore la preuve. Le crime, s'il est réel, est indépendant des preuves qu'on en donne : les preuves qu'on a peuvent être grandes ou petites, fortes ou faibles, nombreuses ou peu nombreuses, fort probantes ou peu probantes : le fait existe toujours, intangible.

L'acte d'accusation que nous allons examiner est

---

(1) L'acte d'accusation est signé. Celui qui l'a signé est seul responsable de ce qui s'y trouve écrit, il est seul responsable des fautes de logique commises.

un tissu de fantaisies; mais nous savons qu'il y a,
contre l'accusé, d'autres charges que celles qui y
figurent, charges qui ont été insuffisamment préci-
sées, et que nous connaissons, par conséquent, d'une
façon insuffisante pour pouvoir les examiner utilement. On ne doit parler que de ce qu'on connaît.

L'acte d'accusation dont je parle est celui qui a
été publié à la suite du *compte rendu sténographique du procès Zola* de février 1898 (tome II,
pp. 521 et suiv.), acte d'accusation dont le texte est la
reproduction de celui qui a paru dans le journal
« *le Siècle* », numéro du 7 janvier 1898. Tout ce
que je dirai de l'acte d'accusation du procès
Dreyfus se rapportera exclusivement au texte indiqué, et ne s'appliquera, par conséquent, au texte
original que dans la mesure où le texte reproduit
est conforme au texte original. Je me base, pour
attribuer au texte cité une certaine exactitude,
sur ce fait que cette exactitude n'a été contestée
par personne, que je sache, et a été confirmée
indirectement par le général de Pellieux, qui, se
plaignant de ce que le texte reproduit fût incomplet, n'a rien dit contre son exactitude.

J'admets que l'acte d'accusation reproduit soit
incomplet. Mais j'ajoute que cela n'a pas ici d'importance, parce que, si je parle de ce que j'y
trouve, je ne parlerai pas de ce qui n'y est pas
et qui peut se trouver dans l'original : il me suffit de savoir — ou de penser — que ce que nous
ignorons de l'original ne contredit pas ce que
nous en connaissons.

Je n'examinerai pas en détail l'acte d'accusation : je ne m'arrêterai que sur les parties qui sont intéressantes au point de vue de la méthode employée pour la recherche de la vérité (1).

La base de l'accusation portée contre le capitaine Dreyfus est une *lettre-missive* écrite sur du papier pelure, non signée et non datée, qui se trouve au dossier, établissant que des documents militaires confidentiels ont été livrés *à un agent d'une puissance étrangère.*

La lettre-missive établit-elle que les documents énumérés ont été livrés *à un agent d'une puissance étrangère?* Je ne crois pas que la lettre-missive ou le bordereau établisse cela ; car je n'ai pas entendu dire que cette lettre, telle qu'on la possède, portât l'adresse du destinataire. Il me paraît fort probable que la lettre a été adressée en effet à un agent d'une puissance étrangère, mais, ni l'adresse (absente), ni le texte même de la lettre ne l'indiquent d'une façon évidente. Son importance se trouverait considérablement diminuée, si le bordereau, au lieu d'être adressé à un agent d'une puissance étrangère, était adressé à un Français — et, par exemple, à un officier de réserve, qui désire se renseigner sur tout ce qui touche à l'armée dans laquelle il sert, soit pour en faire son profit, soit pour en rendre

---

(1) Lorsqu'on cite un très court passage d'un document, on risque de *trahir* l'auteur, parce que souvent le sens d'un passage n'est bien déterminé que par ce qui précède ou par ce qui suit (par le contexte, comme on dit). Aussi éviterai-je les citations tronquées, même au risque de pécher par trop de longueur.

compte, lorsque la chose est possible, dans les journaux qui donnent des articles sur les choses militaires — (1). L'hypothèse que j'émets ici me paraît
bien moins probable que la précédente, c'est-à-dire
celle que l'acte d'accusation considère comme éta-
blie.

Si le fait que des documents militaires confidentiels ont été livrés à un agent d'une puissance étrangère n'était pas établi par le bordereau même, il
paraissait l'être par l'affirmation suivante.

Lors de la saisie de la lettre-missive, M. le général Gonse *a
affirmé* à M. l'officier de police judiciaire délégué et précité, *qu'elle avait été adressée à une puissance étrangère* et
qu'elle lui était parvenue; mais que, *d'après les ordres formels*

---

(1) Je dois dire que l'étude que j'ai faite des expertises publiées (et
qui portent sur l'écriture et sur la langue du bordereau) m'a conduit
à penser que le texte photographié a été écrit par M. Esterhazy.
J'attribue à l'affirmation que le bordereau connu est de M. Esterhazy une probabilité de 90 %, c'est-à-dire que je vois 90 chances de
dire vrai, en l'affirmant, contre 10 chances de dire faux. J'attribue à
ma propre existence une probabilité de 99 % environ.
J'ajoute que, si le bordereau que nous connaissons n'a pas été écrit
par A. Dreyfus, cela ne prouve pas l'innocence de celui-ci. Il n'y a pas
qu'un seul acte de trahison possible, qui serait celui d'écrire le bordereau en cause et de livrer les pièces qui y sont énumérées. D'autres
pièces peuvent être livrées, d'autres actes de trahison peuvent être
commis; d'autres traîtres que ceux déjà découverts ont existé et
existent, d'autres traîtres existeront probablement. Que la culpabilité
de M. Esterhazy soit prouvée, cela ne prouverait pas l'innocence de
M. A. Dreyfus, pas plus que cela ne prouverait ma propre innocence.
Puisque d'autres charges que le bordereau existent contre le condamné, il faut, avant d'affirmer son innocence ou sa culpabilité, les
connaître et les discuter.

de M. le Ministre de la guerre, il ne pouvait indiquer par quels moyens ce document était tombé en sa possession.

Le général Gonse a affirmé, sans doute parce que le chef du bureau des renseignements (qui paraît être seul, d'ordinaire, en rapport direct avec les agents d'espionnage), ou celui qui le suppléait, — qui, dans le cas présent, était, je crois, M. Henry, — lui avait affirmé; M. Henry a affirmé, sans doute parce que l'agent d'espionnage lui avait affirmé. Cet agent au service du gouvernement français a-t-il pris directement le document dans le bureau de l'ambassade où il a été reçu? Il est peu probable qu'il puisse pénétrer là; il a alors dû acheter le concours d'une personne employée dans l'ambassade (hypothèse qui est, d'ailleurs, conforme aux indications, plus ou moins exactes, qui ont transpiré dans le public), et cette personne, placée où elle est, appartient probablement à la même nationalité que ceux auprès de qui elle se trouve : pour cette personne, livrer les documents confidentiels qui peuvent lui tomber sous la main, ce n'est pas faire de l'espionnage, mais c'est trahir son pays. L'agent du gouvernement français a affirmé que le bordereau avait été adressé à une puissance étrangère, et il a affirmé sans doute parce que la personne qui le lui avait livré l'affirmait, et cette personne est probablement un traître, c'est-à-dire l'homme de la terre en qui on doit avoir le moins de confiance. Celui qui est capable de trahir son pays et de le vendre est bien capable aussi de fabriquer de faux documents qu'il vendra; et il doit être d'autant plus tenté de le faire, qu'il est plus difficile de vérifier si les documents sont vrais ou forgés, parce qu'on ne peut demander, à celui qui est censé avoir reçu les documents, s'il les a réellement reçus, s'il reconnaît l'écriture de son correspondant ou la sienne propre, etc. En résumé, si l'on s'en tient aux probabilités, on voit que le général Gonse a affirmé parce que le colonel Henry a affirmé, que le colonel Henry a affirmé parce que l'agent d'espionnage français a affirmé, que l'agent d'espionnage français a affirmé parce que le traître a affirmé (1). Chacun a foi dans la parole de celui qui lui parle, mais qui ne sait rien de précis, si ce n'est qu'on lui a affirmé ce qu'il affirme. Et l'on dit que la foi est morte! Je crois bien, pour ma part, qu'elle ne fait que changer d'objet avec le temps.

Les enquêteurs et les juges du conseil de guerre pouvaient ne pas avoir la foi; alors le général Gonse dit que, d'après les ordres formels du ministre de la guerre, il ne pouvait rien dire pour éclairer leur conscience : enquêteurs et juges étaient tenus, par ordre du ministre, de ne rien savoir, de ne rien contrôler; de telle sorte que, si celui qui a livré le document (et que personne de ceux qui parlent du document ne connaît) a été assez habile pour tromper l'agent français, celui-ci a trompé un autre intermédiaire, qui en a trompé un autre, qui a trompé les enquêteurs, les juges et tous les Français.

_____

(1) C'est là un exemple de ce qu'on pourrait appeler « la foi au quatrième degré » ou à la quatrième puissance.

Tel le domino qui, en tombant, entraîne l'un après l'autre tous les dominos mis à la suite debout sur une table.

Comme on le voit, la base de l'accusation — suivant l'expression même du rapport —, et l'on pourrait dire aussi la base de toute l'affaire, est une base extrêmement mal assurée, extrêmement fragile.

Je comprends fort bien qu'on n'ait pu et qu'on ne puisse employer, pour l'examen de la présente pièce, tous les moyens de contrôle nécessaires pour lui donner une valeur probante; mais je ne puis comprendre qu'il y ait des gens à qui il suffise qu'une chose ne soit pas prouvée pour qu'ils la trouvent très claire. Que de gens ont échafaudé sur le bordereau des systèmes d'accusation pour ou contre tel individu ou tel autre — et ont même cru pouvoir s'y appuyer pour pousser à la guerre civile — qui n'ont même pas pensé à la difficulté dont il s'agit!

L'examen de ce rapport permet d'établir que c'est sans aucune précipitation et surtout *sans viser personne à priori* que l'enquête a été conduite.

Or, à ce moment-là, il y avait déjà, je crois, au ministère la pièce « ce canaille de D... » dont il a été tant parlé. On n'avait donc pas alors pensé que l'initiale D. pût s'appliquer à Dreyfus. Voilà qui est extraordinaire! et qu'il est difficile de concilier avec le passage de l'acte d'accusation où il est dit que « le capitaine Dreyfus, pendant les deux années qu'il a passées comme stagiaire à l'état-major de l'armée, s'est fait remarquer dans différents bureaux par une attitude des plus indiscrètes, par des allures étranges » !

La nature même des documents adressés à l'agent d'une puissance étrangère en même temps que la lettre-missive incriminée permet d'établir que c'était un officier qui était l'auteur de la lettre-missive incriminée et de l'envoi des documents qui l'accompagnaient, de plus, que *cet officier devait appartenir à l'artillerie,* trois des notes ou documents envoyés concernant cette arme.

La nature des documents permet-elle de dire que le coupable était un officier? Cela ne me paraît pas bien établi. Les documents sont, il est vrai, des documents militaires (ceux qui trahissent le font, en général, en livrant des documents militaires); mais un civil peut, lorsqu'il les a, les livrer comme le ferait un militaire; et, pour les avoir, il peut, soit se les procurer par l'intermédiaire d'un militaire, soit les fabriquer.

Le fait que trois des cinq documents énumérés dans le bordereau concernent l'artillerie établit-il que le coupable est un officier d'artillerie? A quoi tient la vie d'un homme! Maladroit Dreyfus! qui n'avait qu'à envoyer deux pièces concernant l'artillerie et trois concernant l'infanterie, pour devenir officier d'infanterie et rester introuvable!

Vient ensuite, dans l'acte d'accusation, la discussion des expertises en écriture. Je remarque la désinvolture avec laquelle le rapporteur repousse les conclusions des experts qui ne pensent pas comme lui-même, et cherche à les déprécier. — Je comprends cependant fort bien que le rapporteur et les juges du conseil de guerre se soient rangés à l'avis de la majorité des experts : rapporteur et juges ne sont pas nécessairement experts en écriture, et leur avis ne peut guère être que la reproduction de celui de leurs conseils compétents (ou qui paraissent compétents). L'erreur commise n'est pas à proprement parler une erreur des juges, mais une erreur des experts.

Avant d'opérer cette arrestation, et alors que le capitaine Dreyfus, s'il était innocent, ne pouvait se douter de l'accusation formulée contre lui, M. le commandant du Paty de Clam le soumit à l'épreuve suivante : il lui fit écrire une lettre dans laquelle étaient énumérés les documents figurant dans la lettre-missive incriminée. Dès que le capitaine Dreyfus s'aperçut de l'objet de cette lettre, son écriture, jusque-là régulière, normale, devint irrégulière et il se troubla d'une façon manifeste pour les assistants.

Je commence par supposer que rien de la mise en scène décrite par certains journaux n'est vrai. Je suppose le condamné Dreyfus intelligent (ce que les deux partis sont d'accord pour admettre). Je place Dreyfus devant le commandant du Paty de Clam qui le soupçonne d'avoir trahi son pays : l'accusation est grave, un officier patriote doit ressentir une vive émotion à la pensée que l'officier qui est devant lui est sans doute un traître. Cette émotion, qu'il veut cacher, peut-il la cacher totalement ? peut-il faire que l'officier intelligent qui est devant lui ne sente pas vaguement, au son de la voix, au regard, au geste, à un rien indéfinissable venant de son supérieur, qu'il se passe quelque chose d'anormal. On fait asseoir Dreyfus devant un bureau ;

le commandant du Paty de Clam (1) lui dicte une lettre (est-ce chose habituelle dans les bureaux de l'état-major qu'on *dicte* des lettres aux officiers? est-ce normal ou anormal?); et on le surveille de près pour voir si sa main tremble, si son visage pâlit. Plusieurs assistants l'observent (2). La gêne de l'officier qui écrit devient plus grande : il commence à comprendre que le quelque chose d'anormal qu'il a senti pourrait bien se rapporter à lui. Ce qu'on lui dicte est une lettre dans laquelle sont énumérés les documents figurant dans le bordereau, et dans laquelle le signataire demande qu'on lui renvoie les documents envoyés. « Dès que le capitaine Dreyfus s'aperçut de l'objet de cette lettre », suivant l'expression du rapporteur, dès qu'il s'aperçoit qu'il s'agit d'une livraison de documents au sujet de laquelle on le fait écrire, dès qu'il s'aperçoit qu'on le soupçonne de trahison, son écriture devient irrégulière (à ce que dit le rapporteur), il se trouble d'une façon manifeste pour les assistants, et, sur la demande qui lui est faite, il explique sottement son trouble.

---

(1) Le commandant du Paty de Clam n'appartenait pas, je crois, au même bureau que Dreyfus, et celui-ci ne put manquer d'être surpris, lorsqu'il vit un officier qui n'était pas son chef (bien qu'il fût son supérieur) lui ordonner d'écrire sous sa dictée.

(2) L'un des assistants qui surveillaient l'accusé était le chef de la sûreté; et Dreyfus ne dut pas être peu étonné de voir en observation près de lui, pendant qu'il écrivait ce qu'on lui dictait, ce civil qui lui était inconnu (s'il l'avait connu et qu'il eût su que ce civil qui le surveillait était le chef de la sûreté, il n'en aurait été que plus troublé).

Je n'ai jamais — à ma connaissance, du moins — trahi mon pays; mais je crois fort que le jour où, sans m'y attendre, je me verrais accuser de trahison, je me troublerais manifestement. (On se troublerait à moins). Il pourrait même se faire que, si je me sentais peu sympathique à ceux qui m'entourent (comme l'était le capitaine Dreyfus), je veuille expliquer mon trouble autrement que par sa cause réelle, craignant que, si je laisse voir que je comprends l'accusation de trahison portée indirectement contre moi, on n'en tire argument pour me dire : Vous comprenez qu'on vous accuse, donc vous êtes coupable.

Il faut remarquer ici qu'il y a lieu de distinguer, et de séparer, le fait et son explication [v. Le fait et son explication, p. 393] : le fait est celui du trouble; l'explication (du rapporteur) est celle de la culpabilité. Le fait peut être admis par tous; l'explication peut être critiquée : l'induction qui a permis de déterminer la cause du trouble est peu méthodiquement faite. Le fait du trouble s'explique bien, il est vrai, Dreyfus étant coupable; mais il s'explique aussi bien Dreyfus étant innocent : il ne prouve donc ni pour, ni contre la culpabilité. C'est l'idée préconçue, ou le préjugé, qui fait qu'on n'examine qu'une des deux hypothèses; et qu'on la tient pour l'expression de la vérité.

Le capitaine Dreyfus était, avec raison, si je suis bien renseigné, peu sympathique à ses camarades : il pensait et disait — ou faisait comprendre — qu'il savait tout mieux faire que les autres, et sa suffisance ne plaisait guère. Le psychologue sait qu'on est inconsciemment porté à trouver mal fait et louche ce qui est fait par celui qu'on n'aime pas, surtout lorsqu'on porte un jugement sur ses actions alors qu'il est arrêté et déjà, pour ainsi dire, reconnu coupable.

Il appert des témoignages recueillis par nous que le capitaine Dreyfus, pendant les deux années qu'il a passées comme stagiaire à l'état-major de l'armée, s'est fait remarquer dans différents bureaux par une attitude des plus indiscrètes, par des allures étranges; qu'il a, notamment, été trouvé seul à des heures tardives ou en dehors de celles affectées au travail dans des bureaux autres que le sien et où il n'a pas été constaté que sa présence fût nécessaire.

Il ressort aussi de plusieurs dépositions qu'il s'est arrangé de manière à faire souvent son service à des heures en dehors de celles prévues par le règlement, soit en demandant l'autorisation à ses chefs, pour des raisons dont on n'avait pas alors à vérifier l'exactitude, soit en ne demandant pas cette autorisation. Cette manière de procéder a permis au capitaine Dreyfus de se trouver souvent seul dans les bureaux auxquels il appartenait et d'y chercher ce qui pouvait l'intéresser. Dans le même ordre d'idées, il a pu aussi, sans être vu de personne, pénétrer dans d'autres bureaux que le sien pour des motifs analogues.

Il a été aussi remarqué par son chef de section que, pendant son stage au 4e bureau, le capitaine Dreyfus s'était surtout attaché à l'étude des dossiers de mobilisation, et cela au détriment du service courant, à ce point qu'en quittant ce bureau il possédait tout le mystère de la concentration sur le réseau de l'Est en temps de guerre.

Il y a dans tout ceci des faits et des explications. Les faits indiqués, que je tiens pour exacts, montrent que le capitaine Dreyfus avait une grande activité et

cherchait à se renseigner sur tous les services.
(Il est de règle, je crois, que les stagiaires de l'état-
major de l'armée passent par les quatre bureaux). Le
fait de l'activité d'un officier est-il une charge contre
lui? Le type du parfait officier d'état-major serait-
il le même que celui des employés de certains
ministères, qui, à ce que dit la légende, dès qu'ils
arrivent à leur bureau pensent à l'heure où ils vont
le quitter, et s'occupent à faire le moins de travail
possible? Le parfait officier d'état-major devrait-il
« s'attacher à ne pas connaître les dossiers de mobilisation, afin de ne pas posséder le mystère de la
concentration sur le réseau de l'Est en temps de
guerre »? (J'aurais plutôt cru le contraire).

Le fait même de l'activité de Dreyfus n'est pas
une charge contre lui, mais seulement l'interprétation qu'on en donne. Dreyfus, officier actif, se ren-
seignait sur tout : que faisait-il des renseignements
recueillis? S'il s'en servait pour son instruction personnelle, afin d'être toujours à la hauteur de sa
tâche, quel que soit le poste qu'on lui confie, et afin
de pouvoir mener un jour ses soldats à la victoire,
c'était un officier qui méritait tous les éloges; et,
s'il était mort avant le procès de 1894, on n'aurait
pas manqué de faire ressortir, dans son oraison
funèbre, toutes les qualités de cet officier qui ne
comptait pas sur sa seule intelligence pour arriver
à connaître son métier, mais qui, travailleur achar-
né, était toujours le premier à la tâche et le
dernier.

Si, au contraire, il se servait des renseignements

recueillis pour les livrer à l'ennemi, il n'y a pas de châtiment qu'il ne mérite, et du moment que la peine de mort est encore appliquée, c'est à ce coupable qu'elle doit l'être. Les livrait-il à l'ennemi? Je ne vois rien (de ce que je connais) qui le prouve, si ce n'est le bordereau (écrit par M. Esterhazy); et c'est là une mauvaise preuve.

Il y a, il est vrai, les appréciations du rapporteur, qui trouve que les allures de l'accusé étaient des plus étranges. Il faut croire que les chefs du condamné ne trouvaient pas bien étranges ses allures, car l'acte d'accusation nous dit que l'enquête fut faite *sans viser personne à priori* (et lorsqu'on fait une enquête, on commence toujours par viser ceux qui ont des allures étranges). Les chefs du condamné ne trouvaient pas bien étranges ses allures; car, s'il en avait été autrement, ils auraient été grandement coupables de laisser à cet officier aux allures étranges la possibilité et la facilité de trahir. Si l'on arrêtait un jour M. X, que je tiens en ce moment pour un honnête homme, peut-être suivrais-je le sentiment de la foule, et trouverais-je, alors, étranges telle et telle de ses actions que j'avais trouvées naturelles au moment où je les ai d'abord connues.

Le même fait peut recevoir plusieurs explications; mais, lorsqu'on a une idée préconçue, une seule de ces explications apparaît nettement, et l'on affirme qu'elle seule existe : si l'idée préconçue fait croire honnête un officier, son activité est couverte d'éloges; si elle le fait croire malhonnête, son activité prouve sa trahison.

7.

Dans le même ordre d'idées, *il a pu* aussi, sans être vu de personne, pénétrer dans d'autres bureaux que le sien pour des motifs analogues.

Est-ce une charge de *pouvoir* entrer dans un bureau?

Parmi elles (ses réponses), il y en a qui sont particulièrement intéressantes à relever ici, notamment celle qu'il fit au moment de son arrestation, le 15 octobre dernier, lorsqu'on le fouilla et qu'il dit : « Prenez mes clefs, ouvrez *tout chez moi, vous ne trouverez rien* ». *La perquisition* qui a été pratiquée à son domicile *a amené*, ou à peu de chose près, *le résultat indiqué par lui*. Mais il est permis de penser que, si aucune lettre, même de famille, sauf celles des fiançailles adressées à Mme Dreyfus, *aucune note, même de fournisseurs*, n'ont été trouvées dans cette perquisition, c'est que *tout ce qui aurait pu être en quelque façon compromettant* avait été caché ou détruit de tout temps.

Il est probable que, si des papiers compromettants avaient été trouvés dans la perquisition, on aurait déclaré l'accusé coupable : comme on ne trouve rien, on le déclare coupable aussi. Si l'on a trouvé peu de papiers chez l'accusé, c'est sans doute qu'il les détruisait lorsqu'il n'en avait plus besoin. Les détruisait-il pour ne pas se trouver un jour compromis? Personne ne le sait au juste, puisque personne ne sait s'il a jamais eu chez lui des papiers compromettants. Il est permis cependant de penser que ce n'était pas là la vraie raison, car alors on ne s'expliquerait pas qu'il ait détruit jusqu'aux notes « même de fournisseurs », qui n'ont, d'ordinaire, rien de compromettant. Je connais des gens qui, lorsqu'ils n'en ont plus besoin, brûlent les notes qu'ils ont chez eux, même les notes de fournisseurs, et qui ne sont pas des traîtres, qui n'ont jamais eu chez eux de papiers compromettants. — On remarque encore ici l'influence de l'idée préconçue.

'Une autre réponse extraordinaire, faite au cours du premier interrogatoire et maintenue devant nous, est celle relative à l'insécurité des documents secrets et confidentiels qui, d'après le capitaine Dreyfus, n'auraient pas été en sûreté parfaite au 2ᵉ bureau de l'état-major à l'époque où il y faisait son stage.

Les pièces destinées à rester secrètes et qui sont maintenant connues du public, comme le bordereau, l'acte d'accusation et la pièce « ce canaille de D. » (document libérateur de M. Esterhazy), ont été communiquées, en dehors des bureaux de la guerre, à des personnes qualifiées pour en prendre connaissance, et leur divulgation ne prouve pas l'insécurité des documents qui se trouvent dans ces bureaux. Mais dans l'acte d'accusation nous lisons :

En effet, au mois de février dernier, le caporal Bernolin, alors secrétaire de M. le colonel de Sancy, chef du 2ᵉ bureau de l'état-major de l'armée, fit une copie d'un travail d'environ vingt-deux pages sur Madagascar, dans l'antichambre contiguë au cabinet de cet officier supérieur. L'exécution de cette copie dura environ *cinq jours*, et pendant ce laps de temps, *minute et copie furent laissées dans un carton placé sur la table-bureau du caporal* précité à la fin de ses séances de travail.

Constatons que, *pendant cinq jours, minute et copie furent laissées dans un carton placé sur un bureau, dans une antichambre.* L'accusé pouvait faire allusion à ce fait, ou à d'autres semblables qu'il aurait observés, sans que sa réponse dût être qualifiée « extraordinaire ».

Si on compare les réponses que nous a faites le capitaine Dreyfus avec les dépositions de quelques témoins entendus, il en résulte cette pénible impression, c'est qu'il voile souvent la vérité et que toutes les fois qu'il se sent serré de près, *il s'en tire sans trop de difficulté,* grâce à la souplesse de son esprit.

Si j'avais un prévenu devant moi et que, lorsque je lui pose des questions embarrassantes, lorsque je le serre de près, il s'en tire sans trop de difficulté, je serais porté à croire que cela prouve en sa faveur. Il paraît qu'il faut admettre le contraire. Si l'accusé serré de près, s'était enferré — comme on dit vulgairement — ou avait pataugé dans ses réponses, on l'aurait déclaré coupable; il s'en tire sans trop de difficulté, donc il est coupable encore.

Il n'y a pas d'effet sans cause. Lorsqu'on trahit, il y a à cela une cause : cette cause est souvent le besoin d'argent. Et le rapporteur, désireux d'éclairer l'affaire, voulait trouver la cause sans laquelle la trahison ne s'expliquerait pas. Il se demanda si Dreyfus avait des besoins d'argent. Dreyfus étant riche, cela était peu probable : cela était cependant possible, car un homme, même riche, peut avoir des besoins d'argent, quand il dépense, soit avec les femmes, soit au jeu, de fortes sommes.

L'acte d'accusation nous apprend que le capitaine Dreyfus, qui « était ce qu'on peut appeler un coureur de femmes, avant son mariage », fit en 1893 la connaissance de la femme Y, et en 1894 celle de la femme Z.

Le capitaine Dreyfus lui a indiqué (à la femme Y) sa qualité, l'emploi qu'il occupait, lui a écrit et fait des visites et finalement *s'est retiré parce qu'elle ne lui a pas paru catholique; ensuite, il l'a traitée de sale espionne;* et, après son arrestation, son esprit est hanté par l'idée qu'elle l'a trahi.

Ce n'est pas tout à fait mal pour un espion, que de se retirer de la société d'une femme parce qu'elle ne paraît pas catholique et parce qu'on la croit espionne.

La femme Z était mariée ou passait pour l'être. Le capitaine Dreyfus nous a déclaré avoir rompu avec elle parce qu'il s'était aperçu qu'elle en voulait plutôt à sa bourse qu'à son cœur.

Voilà, ce me semble, un homme qui n'est pas disposé à se ruiner avec les femmes, et ce n'est pas à cause d'elles qu'il peut avoir des besoins d'argent.

Le capitaine Dreyfus devait donc perdre son argent au jeu. Voyons ce que dit à ce sujet l'acte d'accusation :

Bien que le capitaine Dreyfus nous ait déclaré n'avoir jamais eu le goût du jeu, il appert cependant des renseignements que nous avons recueillis à ce sujet qu'il aurait fréquenté plusieurs cercles de Paris où l'on joue beaucoup. Au cours de son interrogatoire, il nous a bien déclaré être allé au Cercle de la Presse, mais comme invité, pour y dîner; il a affirmé n'y avoir pas joué. Les cercles-tripots de Paris, tels que le Washington-Club, le Betting-Club, les cercles de l'Escrime et de la Presse n'ayant pas d'annuaire et leur clientèle étant en général peu recommandable, les *témoins* que nous aurions pu trouver auraient été très suspects : *nous nous sommes par suite dispensé d'en entendre.*

Je ne connais pas assez les cercles pour pouvoir affirmer mon dire; mais je crois savoir que dans tous les cercles on joue ; et l'on y joue sans doute des sommes d'autant plus fortes que les membres du cercle ou les joueurs sont plus riches. Je ne sache pas pourtant que l'on ait, jusqu'à présent, considéré que faire partie d'un cercle et d'un cercle riche est une charge grave contre un homme. Que de gens haut placés, dans l'armée, en particulier, seraient perdus, si l'on considérait ce fait comme une charge ! Mais Dreyfus ne faisait même pas partie d'un cercle : il est allé, d'après son dire, dîner au cercle de la Presse, comme invité, et n'y a pas joué. D'après l'acte d'accusation, il aurait fréquenté plusieurs cercles où l'on joue beaucoup. L'acte d'accusation dit que ce qu'il affirme appert des *renseignements* recueillis, et dit aussi « les *témoins* que nous aurions pu trouver auraient été très suspects : *nous nous sommes* par suite *dispensé d'en entendre* ».

Elle est vraiment originale cette façon de recueillir des renseignements qui consiste à n'entendre aucun témoin, de crainte d'être trompé par eux, et qui fait s'adresser à des gens qui n'ont rien vu, rien entendu ! C'est, à mon avis, une assez mauvaise recommandation, pour un donneur de renseignements, que de n'avoir été témoin de rien.

Dreyfus perdait-il de l'argent au jeu ? Ce ne sont pas des renseignements comme les précédents qui pourraient le prouver.

Dreyfus avait-il des besoins d'argent ? Rien ne nous le montre.

Lors des examens de sortie de l'École de guerre, le capitaine Dreyfus a prétendu qu'il devait à la cote, dite d'amour, d'un général examinateur, d'avoir eu un numéro de sortie inférieur à celui qu'il espérait obtenir : *il a cherché* alors *à créer un incident en réclamant* contre cette cote, et partant *contre le général* qui la lui avait donnée.

Deux pages plus loin, on lit « *qu'il est doué d'un caractère très souple*, voire même obséquieux ».

Comment peut-on faire accorder ces deux assertions? Peut-on vraiment dire d'un capitaine qui cherche à créer un incident en réclamant contre un général, qu'il a un caractère très souple!

Quant aux preuves relatives à la connaissance qu'avait le capitaine Dreyfus des notes ou documents énumérés dans la lettre-missive incriminée et qui l'ont accompagnée, le premier interrogatoire aussi bien que celui qu'il a subi devant nous établissent, malgré les dénégations subtiles qu'il y a opposées, qu'il était parfaitement en mesure de les fournir.

Être en mesure de fournir des documents, est-ce une charge? Est-il vrai de dire qu'il y a d'autant plus de chances, pour qu'on soit coupable d'avoir livré des documents, que l'on a plus de facilités pour se procurer ces documents? (C'est à peu près ce qui a été dit par ceux qui soutiennent que M. Esterhazy n'a pas écrit le bordereau et livré les pièces qui y sont énumérées). Je ne le crois pas. Et si je le croyais, je serais fort inquiet, car je serais forcé d'admettre que le traître est le chef d'état-major général. En effet, c'est lui, je pense, qui, de tous les officiers, a le plus de facilités pour se procurer tous les documents confidentiels.

Dans l'acte d'accusation — et surtout dans les discussions postérieures, — on raisonne comme si l'on connaissait les pièces livrées. Le bordereau énumère quatre notes et un projet de manuel de tir. Ces notes et projet, personne, que je sache, ne les a vus, si ce n'est le destinataire et son entourage (personne même ne sait si ces documents ont été réellement livrés à l'étranger); personne, par conséquent, ne sait si ces notes étaient la reproduction des documents secrets dont on s'occupait dans les bureaux du ministère, ou si c'étaient des documents forgés, dont le contenu pouvait se rapprocher beaucoup, peu, ou pas du tout, des documents secrets. Personne ne connaissant le contenu de ces notes, personne, par conséquent, ne peut se baser sur ce contenu pour dire que tel officier pouvait le communiquer et que tel autre ne pouvait le faire. — Il est d'autant moins inadmissible que les notes livrées dans ce cas-là, et dans bien d'autres cas, soient des produits de l'imagination de celui qui les livre, que celui qui les reçoit ne peut aller voir les originaux pour contrôler l'exactitude de la copie : il doit suffire, pour pouvoir tirer argent d'un document, que son contenu soit vraisemblable; il n'est pas nécessaire qu'il soit vrai. D'ailleurs, si celui qui achète le document arrivait un jour à voir que dans tel cas il a été trompé (ce à quoi il doit bien s'attendre), il n'aurait aucun recours possible, contre le vendeur, qui garderait l'argent escroqué.

Si nous examinons ces notes ou documents, nous trouvons d'abord la note sur le frein hydraulique du 120. L'allégation produite par le capitaine Dreyfus au sujet de cet engin tombe, si l'on considère qu'*il lui a suffi de se procurer*, soit à la direction de l'artillerie, soit *dans des conversations avec des officiers de son arme, les éléments nécessaires pour être en mesure de produire la note en question.*

S'il suffisait de si peu de chose, bien d'autres officiers que ceux de l'état-major, et même bien des civils (les officiers de réserve, en particulier), pouvaient produire la note.

Ensuite vient une note sur les troupes de couverture, avec la restriction que quelques modifications seront apportées par le nouveau plan. Il nous paraît impossible que le capitaine Dreyfus n'ait pas eu connaissance des modifications apportées au fonctionnement du commandement des troupes de couverture au mois d'avril dernier, *le fait ayant eu un caractère* confidentiel, mais *non absolument secret,* et les officiers employés à l'état-major de l'armée ayant, par suite, pu s'en entretenir entre eux et en sa présence.

Il n'était donc pas bien difficile de recueillir des renseignements exacts sur ce point; et si les renseignements livrés n'étaient pas exacts, la chose était encore bien plus facile.

En ce qui concerne la note sur une modification aux formations de l'artillerie, *il doit s'agir* de la suppression des pontonniers et des modifications en résultant. Il est inadmissible qu'un officier d'artillerie ayant été employé au 1er bureau de l'état-major de l'armée ait pu se désintéresser des suites d'une pareille transformation au point de l'ignorer quelques semaines avant qu'elle ne devienne officielle.

On ne sait pas ce que contient la note, mais on dit que Dreyfus devait le connaître, parce qu'*il doit s'agir* de la suppression des pontonniers. Que dira-t-on, s'il s'agit d'autre chose que de ce dont « il doit s'agir »? Du moment qu'on ne sait pas de quoi il s'a-

git, rien ne prouve que le premier venu n'ait pas
pu fournir des renseignements sur cela.

Pour ce qui est de la note sur Madagascar, qui présentait un
grand intérêt pour une puissance étrangère, si, comme tout
le faisait déjà prévoir, une expédition y avait été envoyée au
commencement de 1895, le capitaine Dreyfus a pu facilement
se la procurer. En effet, au mois février dernier, le caporal
Bernolin, alors secrétaire de M. le colonel de Sancy, chef du
2ᵉ bureau de l'état-major de l'armée, fit une copie d'un travail
d'environ vingt-deux pages sur Madagascar, dans l'antichambre contiguë au cabinet de cet officier supérieur. L'exécution
de cette copie dura environ *cinq jours*, et pendant ce laps de
temps, *minute et copie furent laissées dans un carton placé sur
la table-bureau du caporal* précité à la fin de ses séances de travail. En outre, quand, pendant les heures de travail, ce gradé
s'absentait momentanément, *le travail* qu'il faisait *restait
ouvert* et *pouvait*, par suite, *être lu*, s'il ne se trouvait pas d'officiers étrangers au 2ᵉ bureau ou inconnus de lui dans l'antichambre qu'il occupait. Ce gradé nous a déclaré dans sa déposition, mais sans préciser de dates, que le capitaine Dreyfus,
qu'il connaissait, était venu quatre ou cinq fois dans cette antichambre pour voir M. le colonel de Sancy, pendant qu'il faisait
son stage à la section allemande. Ce document a encore *pu être
lu* par le capitaine Dreyfus quand il a été réintégré à la section
anglaise, qui s'occupait alors de Madagascar, en raison de ce
qu'il a été *placé* temporairement *dans un carton de casier non
fermé*.

La note en question sur Madagascar a pu, en effet, être lue (personne ne sait si elle a été lue) par
le condamné; mais elle a pu aussi être lue par
d'autres, comme il est facile de le comprendre en
se reportant au texte de l'acte d'accusation, qui
nous dit comment cette pièce était gardée. Puis,
la note sur Madagascar qui figure au bordereau, est-

ce la note copiée par le caporal Bernolin? Personne ne le sait.

Quant au projet de Manuel de tir de l'artillerie de campagne du 14 mars 1894, le capitaine Dreyfus a reconnu, au cours de son premier interrogatoire, s'en être entretenu à plusieurs reprises avec un officier supérieur du 2ᵉ bureau de l'état-major de l'armée.

Je crois fort que, si on les avait interrogés, on aurait trouvé, parmi les officiers d'artillerie attachés à l'état-major, plus d'un officier qui se soit entretenu du projet de Manuel de tir avec un officier qui le connaissait déjà. (J'aurais plutôt pensé à les louer de ce qu'ils s'occupent des choses de leur métier qu'à leur en faire un crime.) Puis, s'il suffisait, pour pouvoir livrer le projet en question, de s'être entretenu du sujet avec un officier connaissant le projet, bien d'autres officiers que Dreyfus pouvaient le faire.

Je remarque que cette dernière pièce, comme il ressort nettement du texte même du bordereau, n'est pas une note, mais une copie ou un exemplaire du projet de manuel de tir. Or, l'acte d'accusation dit bien que le condamné s'est entretenu du sujet avec un officier; mais il ne dit pas qu'il a eu entre les mains un exemplaire qu'il aurait pu envoyer à son correspondant étranger.

D'ailleurs, le bordereau dit :

« Ce dernier document (le projet de Manuel de tir) est extrêmement difficile à se procurer et je ne puis l'avoir à ma disposition que très peu de jours. Le ministre de la guerre en a envoyé un nombre fixe dans les corps et ces corps en sont responsables, chaque officier détenteur doit remettre le sien après les manœuvres. Si donc vous voulez y prendre ce qui vous intéresse et le tenir à ma disposition après, *je le prendrai* (1). A moins que vous ne vouliez que je le fasse copier *in extenso* et ne vous en adresse la copie.

« Je vais partir en manœuvres. »

Cette partie du bordereau indique que le traître est un officier de corps de troupe, et non de l'état-major, et aussi qu'il va partir pour les manœuvres. La première de ces qualités ne s'applique pas au condamné (la seconde peut-elle s'appliquer à lui?); mais on peut supposer que, dans cette partie de sa lettre, le traître trompe son correspondant. (Il n'aurait peut-être pas été très habile de la part du premier de tromper le second sur deux points qui précisément pouvaient être contrôlés avec facilité.)

---

(1) Je remarque que l'auteur de la lettre dit, au commencement de celle-ci : « *je vous adresse* quelques renseignements intéressants », et, à la fin, en parlant de l'un des renseignements ou documents qu'il dit adresser : « *je le prendrai* ». S'il doit le prendre, il ne l'envoie donc pas au moment où il écrit qu'il le fait.

Faut-il comprendre que l'auteur veut dire : « si vous voulez y prendre ce qui vous intéresse et le tenir à ma disposition après, je le reprendrai chez vous »? Avec cette interprétation, la phrase suivante ne se comprend plus guère ; car, si le correspondant étranger a déjà le document, il est inutile que l'auteur de la lettre lui propose de le faire copier.

Faut-il comprendre que l'auteur veut dire qu'il envoie le « projet de Manuel de tir », et que, pour le « Manuel de tir » même, qu'il n'envoie pas (et qui n'existe peut-être pas), il propose de le prendre ou de le faire copier?

Si l'on admet l'hypothèse du mensonge, on arrive, l'idée préconçue aidant, à dire : « Tels et tels points peuvent s'appliquer à l'accusé, donc ils sont vrais ou exacts ; tels et tels points ne peuvent s'appliquer à l'accusé, donc ils sont faux ou inexactement rapportés ». Il ne reste plus alors qu'à éliminer ce qui d'après cette méthode est déclaré faux, et l'on a les charges nécessaires contre l'accusé — contre le premier accusé venu.

En résumé, les éléments de l'accusation portée contre le capitaine Dreyfus sont de deux sortes : éléments moraux et éléments matériels. Nous avons examiné les premiers, les seconds consistent dans la lettre-missive incriminée, dont les examens par la majorité des experts, aussi bien que par nous et par les témoins qui l'ont vue, a présenté, sauf des *dissemblances volontaires*, une *similitude complète* avec l'écriture authentique du capitaine Dreyfus.

Ainsi, on me présente une lettre et des pièces de comparaison, et l'idée préconçue me fait croire que c'est la même main qui a écrit lettre et pièces de comparaison : voici comment je procède. Je compare les écritures, et je vois des ressemblances (toutes les écritures ont des ressemblances, et c'est pour cela seulement qu'on peut lire les écritures que l'on voit pour la première fois — on peut les lire, parce que toutes ressemblent au type général de l'écriture enseignée à l'école), je vois, dis-je, des ressemblances, et aussi des différences, et je conclus : les ressemblances viennent de ce que c'est la même main qui a écrit, et les différences viennent de ce que cette même main a

par endroits volontairement déformé son écriture.
Il y a des passages du document qui sont de l'é-
criture de l'acusé, donc c'est lui qui l'a écrit ; il y
a des passages qui ne sont pas de son écriture,
donc c'est lui qui l'a écrit (en déformant son écriture). — C'est là le triomphe de l'idée préconçue.

En dehors de ce qui précède, nous pouvons dire que le capitaine Dreyfus possède, avec des connaissances très étendues,
une mémoire remarquable, qu'il parle plusieurs langues, notamment l'allemand, qu'il sait à fond, et l'italien dont il prétend n'avoir que de vagues notions ; qu'il est de plus doué
d'un caractère très souple, voire même obséquieux, qui convient beaucoup dans les relations d'espionnage avec les agents
étrangers.

Le capitaine Dreyfus *était donc tout indiqué pour la miséra-
ble et honteuse mission* qu'il avait provoquée ou acceptée, et
à laquelle, fort heureusement peut-être pour la France, la
découverte de ses menées a mis fin.

Il était *donc* tout indiqué pour trahir son pays,
parce qu'il avait des connaissances très étendues,
une mémoire remarquable, qu'il parlait plusieurs
langues, notamment l'allemand (les pièces accusa-
trices que l'on connaît, comme le bordereau et quelques lettres, sont écrites en français), et qu'il avait
des notions d'italien. Si nos officiers qui possèdent
ces qualités sont tout indiqués pour trahir, la France
court à sa perte, car son armée contient nombre de
chefs qui ont des connaissances étendues, et qui,
en particulier, connaissent l'allemand. Est-ce donc
afin d'avoir des officiers *tout indiqués pour trahir*,
que nous les instruisons et que nous enseignons
l'allemand dans nos écoles militaires ! Quelle in-

conscience est donc la rôtre! Quel aveuglement!

Certains veulent que M. Esterhazy n'ait pas trahi la France. On peut faire plusieurs hypothèses permettant d'admettre qu'il ait écrit le bordereau, sans être pour cela un véritable traître. Voici trois de ces hypothèses, qu'il y aurait lieu d'examiner si on le jugeait un jour pour faits de trahison. Les deux premières de ces hypothèses ont déjà été émises et exposées dans des journaux.

La première hypothèse est celle-ci. Les supérieurs de Dreyfus, ayant acquis la conviction que Dreyfus trahissait, mais n'en ayant aucune preuve matérielle, auraient fait écrire par M. Esterhazy le bordereau, afin de pouvoir l'attribuer à Dreyfus et faire condamner celui-ci. Pour qu'on puisse accepter cette hypothèse, il faudrait admettre, d'abord, que les officiers qui voulaient faire condamner Dreyfus ont une moralité fort douteuse (ce que je me refuse à croire), et ensuite, qu'ils ont une confiance illimitée dans la nullité ou dans la sottise des experts en écriture, puisque, par hypothèse, ils leur auraient donné à étudier le bordereau de M. Esterhazy avec la conviction qu'ils déclareraient qu'il était de M. Dreyfus. — Maintenant que M. Henry est mort, on peut modifier un peu et arranger l'hypothèse, pour la rendre moins invraisemblable. Voici l'hypothèse arrangée : M. Henry aurait commandé le bordereau à M. Esterhazy, sans parler de la chose à qui que ce soit, et, par conséquent, sans qu'aucun autre officier soit compromis. Et, d'autre part, comme on ne pouvait avoir une confiance illimitée dans la soltise des experts, on aurait corrompu ceux-ci, M. Henry les aurait corrompus.

La seconde hypothèse est celle-ci. M. Esterhazy,
chargé d'un service d'espionnage au profit de la
France, aurait écrit le bordereau et livré des
pièces peu importantes, afin d'en obtenir de l'étranger de plus importantes qui nous auraient été
utiles : il aurait fait de l'amorçage, avec l'assentiment de ses chefs. Dans cette hypothèse, on ne
s'expliquerait pas que le chef et le sous-chef d'état-
major, ainsi que le chef du bureau des renseignements (ou de l'espionnage), aient été d'accord pour
mener une enquête destinée à faire savoir si M. Esterhazy livrait des documents à l'étranger : il me
paraît difficile d'admettre que ces officiers soient
précisément ceux qui ignorent le nom des agents
chargés de l'espionnage.

La troisième hypothèse (que j'imagine), qui a
quelque rapport avec la précédente, est celle-ci.
M. Esterhazy, chargé de faire de l'espionnage et
de l'amorçage, aurait été en relation avec l'attaché militaire auquel le bordereau était destiné : se
trouvant un jour seul dans le bureau de cet officier,
il aurait aperçu le bordereau accusateur arrivé à destination, l'aurait copié rapidement, et aurait remis
sa copie au bureau des renseignements, afin qu'on
recherchât l'officier traître auteur de l'original.

Je serais étonné que cette hypothèse, plus ou
moins déformée, ne servît pas un jour à la défense
de M. Esterhazy.

On pourrait sans doute, en cherchant avec soin, imaginer d'autres hypothèses tendant au même but.

En dehors de l'acte d'accusation présenté devant le conseil de guerre, il y a l'acte d'accusation préparé par M. Tout-le-monde et présenté au tribunal de l'opinion publique. Dans cet acte d'accusation, on constate aussi les effets de l'idée préconçue, qui fait accepter comme probante une démonstration qui ne prouve rien, lorsqu'elle tend à prouver une chose que l'on considère *à priori* comme évidente [v. pp. 368 et suiv., la démonstration de l'impossibilité du mouvement perpétuel].

C'est ainsi qu'une pièce fabriquée par le lieutenant-colonel Henry fut attribuée à un personnage étranger, et considérée comme authentique, parce qu'elle tendait à prouver la culpabilité du condamné, et bien qu'elle présentât tous les caractères d'un faux. Voici la pièce, d'après le texte du « *Journal officiel* » du 8 juillet 1898, qui donne le compte rendu sténographique du discours ministériel de M. Cavaignac :

« J'ai lu qu'un député va interpeller sur Dreyfus.

« Si... (ici un membre de phrase que je ne puis lire) je dirai que jamais j'avais des relations avec ce juif. C'est entendu. Si on vous demande dites comme ça, car il faut pas que on sache jamais personne ce qui est arrivé avec lui ».

Ce sont, dit-on, des considérations se rapportant au papier du document qui ont fait reconnaître par M. Cavaignac que le document était faux. N'ayant pas vu le papier, nous ne pouvons en parler, et nous ne pouvons nous baser, pour dire que le document était faux, que sur d'autres considérations. Je ne me baserai pas non plus sur l'aveu de M. Henry, qui est cependant une preuve d'une certaine valeur (1). On ne basera les conclusions

---

(1) L'aveu n'est pas une preuve qui puisse suffire à elle seule. Les exemples le montrent. Sans remonter à l'Inquisition, défunte aujourd'hui, on peut en trouver dans l'histoire des temps présents.

Il y a environ un an, un ancien agent de la sûreté, arrêté à Paris, se déclarait l'auteur d'un assassinat commis sur une femme il y a bon nombre d'années : l'enquête a démontré, si mes souvenirs ne me trompent pas, que l'aveu était faux, c'est-à-dire que l'assassinat n'avait pas été commis par celui qui avouait l'avoir fait. Il savait la poursuite du crime couverte par la prescription, et il pouvait, par conséquent, se jouer impunément de la police. L'histoire des erreurs judiciaires nous montre d'autres aveux mensongers, faits surtout par des femmes et des enfants (qui sont plus suggestibles que les hommes) : les mémoires des policiers en fournissent des exemples, et en particulier les *Mémoires de M. Goron*.

Les auteurs qui s'occupent de la suggestion (soit de la suggestion à l'état de sommeil, soit de la suggestion à l'état de veille) ont à indiquer le fait. Je signalerai, en particulier, le travail très clair de M. Bernheim (*l'hypnotisme et la suggestion dans leurs rapports avec la médecine légale* — rapport présenté au XII° Congrès international de médecine, Moscou, août 1897). L'auteur montre, entre autres choses, la part qui revient à l'auto-suggestion dans certains aveux inexacts. (Les historiens, qui, depuis quelques années surtout, s'attachent à établir sur des bases scientifiques solides la critique historique — celle des faits, en particulier —, feront bien de tenir compte, pour apprécier la valeur des témoignages, de l'élément perturbateur apporté par la suggestion. Hallucinations collectives.) Lorsqu'on veut faire la critique d'un témoignage (et toutes les sciences ont à s'occuper de la critique du témoignage), il faut s'occuper, entre autres choses, de savoir si celui qui répond a été témoin de ce qu'il rapporte, ou s'il le tient d'une autre personne, par l'intermédiaire d'une autre. Ce que dit le fabuliste (v. *Les femmes et le secret*) montre l'importance de la chose. Il y a lieu d'étudier expérimentale-

que sur le texte même du document, texte que chacun pouvait avoir et discuter avant la découverte officielle du faux (1).

On peut remarquer d'abord que cette lettre, datée de 1896, est écrite en « charabia » ou en « nègre » (selon l'expression vulgaire), et non en français. Or, le ministre cite à la tribune deux lettres, datées de 1894, écrites en français acceptable celles-là, et dont l'une au moins paraît (d'après l'explication peu claire, il est vrai, du ministre) avoir été écrite par la personne à laquelle on attribue la lettre reconnue depuis fausse. Il est bien invraisemblable que la personne qui savait écrire le français en 1894 ne le sache plus en 1896 : il est bien invraisemblable que deux ans de séjour en France produisent cet effet.

---

ment — comme MM. Binet et V. Henri ont fait pour la mémoire des mots et des phrases (*Année psychologique*, 1894) — la reproduction des souvenirs des choses rapportées, et les déformations que subit le fait rapporté en passant de bouche en bouche : une phrase (ou plusieurs phrases) lue des yeux (ou entendue) devra être reproduite par écrit et de mémoire; le texte fourni ainsi sera lu par une deuxième personne, qui reproduira par écrit ce qu'elle croira avoir lu, et le nouveau texte sera reproduit, dans les mêmes conditions, par une troisième personne, et ainsi de suite.

Il n'est pas moins vrai que l'aveu fournit une présomption assez forte de culpabilité, surtout lorsqu'il peut entraîner une condamnation grave pour celui qui avoue. Mais il ne faut jamais négliger de contrôler l'exactitude de l'aveu.

(1) S'il s'agissait ici de polémique, on trouverait avec raison que ma démonstration vient un peu tard, maintenant que tout le monde admet que le faux existe. Je ferai remarquer qu'il s'agit ici d'étude scientifique, et que cette étude n'est jamais aussi claire et aussi instructive que lorsque les faits sur lesquels elle porte sont admis par tous.

Il est probable que ceux que l'on charge de venir faire chez nous de l'espionnage savent ce que c'est que l'espionnage, et savent qu'on surveillera leur personne et leur correspondance : il est probable qu'on les choisit parmi les hommes intelligents, prudents et habiles. Il est probable, par suite, que ces personnes usent le moins possible entre elles des messages, et que, par exemple, un attaché militaire qui a quelque chose de confidentiel à dire à un autre aimera mieux le dire chez lui, ou chez son interlocuteur, en un lieu où personne ne pourra les entendre, que l'écrire. J'admets cependant que la prudence humaine ne soit pas parfaite, et que les correspondants dont il s'agit aient pu être, jusqu'en 1894, assez imprudents pour correspondre au sujet de choses destinées à rester secrètes. En 1894, le procès Dreyfus et ce qu'en dirent les journaux dut faire comprendre aux correspondants imprudents (en admettant qu'ils aient été imprudents jusque-là) que leur correspondance était surveillée, puisque c'était la correspondance entre un traître et l'un d'eux qui avait fait condamner Dreyfus. C'était pour eux le moment de devenir prudents, et ils vont le devenir enfin! C'est le contraire qu'il faut admettre, si l'on veut tenir la lettre pour authentique : en 1894, ils ne mettaient dans leur correspondance que l'initiale du nom (vrai ou faux) de celui dont ils parlaient ; en 1896, — pour qu'on ne puisse pas s'y tromper, semble-t-il, lorsqu'on saisira la missive — ils mettent le nom de Dreyfus en toutes lettres. Décidément, ces correspondants n'ont pas la vocation de l'espionnage!

Au sujet de cette pièce, le général de Pellieux dit (*procès Zola*, II, p. 118) :

Au moment de l'interpellation Castelin, il s'est produit un fait que je tiens à signaler. On a eu au ministère de la guerre — et remarquez que je ne parle pas de l'affaire Dreyfus — la preuve absolue de la culpabilité de Dreyfus, absolue! et cette preuve, je l'ai vue! Au moment de cette interpellation, il est arrivé au ministère de la guerre un papier dont l'origine ne peut être contestée et qui dit — je vous dirai ce qu'il y a dedans — : « Il va se produire une interpellation sur l'affaire Dreyfus. Ne dites jamais les relations que nous avons eues avec ce juif. »

Et, Messieurs, la note est signée! elle n'est pas signée d'un nom connu, mais elle est appuyée d'une carte de visite, et, au dos de cette carte de visite, il y a un rendez-vous insignifiant, signé d'un nom de convention, qui est le même que celui qui est porté sur la pièce, et la carte de visite porte le nom de la personne.

Ainsi, la note est signée d'un faux nom (apparemment pour que, si elle était interceptée, on ne pût savoir qui l'a écrite). Et cette note — signée C, je crois — est appuyée d'une carte de visite, qui porte à la fois le nom du scripteur et son faux nom, C (apparemment pour que, si la note était interceptée, on pût savoir que le faux nom inscrit sur la note se rapportait bien à la personne dont on avait la carte de visite).

Voilà le document qui a été pris au sérieux par des gens intelligents (1). L'idée préconçue était seule

---

(1) Je suppose, pour un moment, que le document est authentique et que, au lieu du nom de Dreyfus, il porte mon nom. Si *de plano* on me condamne, sur le vu de la pièce, je déclarerai mau-

capable d'aveugler des hommes sensés au point de
les empêcher de voir les ruses enfantines du confec-
tionneur de documents, et de leur faire attribuer à
un homme intelligent ce qu'on aurait pu nommer
le comble de la sottise.

Nous lisons dans le discours de M. Cavaignac du
7 juillet 1898 :

> Son authenticité morale (il s'agit du document fabriqué par
> M. Henry) résulte d'une façon indiscutable de ce qu'il fait
> partie d'un échange de correspondances qui eut lieu en 1896.
> La première lettre est celle que je viens de lire. *Une réponse* (1)
> contient deux mots qui tendent évidemment à rassurer l'au-
> teur de la première lettre. *Une troisième lettre* enfin qui dissipe
> bien des obscurités indique avec une précision absolue, avec
> une précision telle que je ne puis pas en lire un seul mot,
> la raison même pour laquelle les correspondants s'inquiétaient.

La première lettre (fabriquée par M. Henry) étant
fausse, la réponse à cette lettre l'est fort vraisem-
blablement, ainsi que la troisième, qui, suivant l'expression de l'orateur, « fait partie du même échange
de correspondances ».

Alors, je m'explique l'apparente contradiction qui

---

vaise cette manière d'agir (bien entendu, si l'on a eu l'idée de me
parler du document), car je peux être victime d'une vengeance.

Si vous êtes officier, prenez garde de vous brouiller jamais avec
un attaché militaire étranger : celui-ci tient votre vie entre ses mains.
Pour vous perdre, il lui suffirait de laisser prendre volontairement
par les espions du gouvernement une correspondance dans laquelle
il vous accuserait des pires méfaits.

(1) La première lettre est un original, à ce qu'affirme le ministre : sans doute elle a été arrêtée au passage. S'il en est ainsi, on
doit trouver assez singulier que celui à qui elle était adressée y
réponde sans l'avoir reçue.

m'avait frappé, lorsque je comparais ce que M. Cavaignac avait dit dans son discours et ce que M.
Henry, chef du bureau des renseignements, avait dit
à la Cour d'assises (*procès Zola,* tome I, p. 375).

. M. LE COLONEL HENRY. — Eh bien, allons-y !

En 1894, j'ai l'honneur d'appeler votre attention sur ces
dates, messieurs les jurés, au mois de novembre, un jour, le
colonel Sandherr est entré dans mon bureau et m'a dit :
« Il faut absolument que vous recherchiez dans vos dossiers
secrets tout ce qui a trait aux affaires d'espionnage.

« — Depuis quand ?

« — Depuis que vous êtes ici. — Vous les avez classés ? »

Je lui ai dit : « Oh ! ce ne sera pas long ; j'y suis *depuis un
an,* depuis 1893. »

— « Eh bien ! recherchez tout ce que vous avez ; vous en
constituerez un dossier. »

J'ai recherché ce que j'avais, et j'ai retrouvé, je crois,
huit ou neuf pièces — je ne me souviens plus exactement du
nombre.

D'autre part, nous lisons dans le discours de
M. Cavaignac (*Journal officiel* du 8 juillet 1898,
p. 1957) :

Tout d'abord, le service des renseignements du ministère
de la guerre a recueilli, *pendant six années,* environ *mille
pièces* de correspondance — je dis les originaux de mille
pièces de correspondance — échangées entre des personnes
qui s'occupaient activement, et avec succès, de l'espionnage.

Huit ou neuf pièces dans un an, cela ne correspond guère à mille dans six ans. Chose extraordinaire : M. Henry, en réunissant 8 ou 9 pièces, recueil-
lait « tout ce qui a trait aux affaires d'espionnage »,
et M. Cavaignac, en parlant de 1.000 pièces, et au
moment où il veut prouver la culpabilité de Dreyfus,

semble dire (a-t-il laissé croire autre chose que
ce qu'il voulait dire?) que toutes les mille se rapportaient à l'affaire d'espionnage Dreyfus (1). En effet :

> Je ne parlerai pas ici, dit-il, de celles qui n'apportent au
> sujet de l'affaire dont il est question (l'affaire Dreyfus) que
> ce que j'appellerai des présomptions concordantes qui, cepen-
> dant, par leur concordance même, pèsent sur l'esprit d'une
> façon décisive.
> Je ferai passer sous les yeux de la Chambre seulement trois
> pièces de ces correspondances.

L'orateur semble faire, des mille pièces dont il
parle, deux parts, l'une contenant les pièces qui
n'apportent au sujet de l'affaire que des présomption concordantes (et dont il ne parlera pas), l'autre
contenant les pièces probantes (parmi lesquelles il
va en choisir, pour les citer, trois).

Faut-il croire ce que les citations disent? ou faut-
il croire que ceux dont elles représentent les paroles
ont dit autre chose que ce qu'ils voulaient dire?

Parmi les trois pièces citées, la seconde est celle-
ci :

> Je regrette bien de ne pas vous avoir vu avant mon dé-
> part: Du reste je serai de retour dans 8 jours: Ci-joint 12
> plans directeurs de... (ici figure le nom d'une de nos places
> fortes) que *ce canaille de D...* m'a donnés pour vous....

---

(1) Par suite, on pourrait admettre peut-être que, en dehors des
1.000 se rapportant à l'affaire Dreyfus, il y en avait d'autres se
rapportant à d'autres affaires, ce qui ferait en somme plus de 1.000
pièces. — Mais ce n'est pas là ce que je comprends.

Cette pièce ne se rapporte pas au condamné Dreyfus, s'il faut en croire M. Picquart, ancien chef du bureau des renseignements, qui a affirmé la chose à différentes reprises, et, en particulier, dans une lettre adressée au président du Conseil. Cette pièce ne se rapporte pas au condamné Dreyfus, s'il faut en croire M. Henry, ancien chef du bureau des renseignements, qui l'a dit nettement à la Cour d'assises (*procès Zola*, tome I, p. 375). Et il est curieux de voir les deux ennemis affirmer la même chose pour démentir l'affirmation du ministre de la guerre.

M. LE COLONEL HENRY. — Jamais la pièce « canaille de D.., » n'a eu de rapport avec le dossier Dreyfus. Je le répète : jamais, jamais, puisque le dossier est resté sous scellés depuis 1895 jusqu'au jour où, au mois de novembre dernier, M. le général de Pellieux a eu besoin du bordereau pour enquêter au sujet de l'affaire Esterhazy; par conséquent, *la pièce « canaille de D... » n'a aucun rapport avec l'affaire Dreyfus*, je le répète.

Alors, je me suis mal expliqué, ou on m'a mal compris. Mais je répète, devant ces Messieurs, que jamais ces deux pièces, le dossier Dreyfus et la pièce « canaille de D.., », n'ont eu aucun rapport.

Faut-il croire encore ici — comme toutes les fois où il s'agira d'expliquer une contradiction — que les personnes en cause ne parlent pas de la même chose? Faut-il croire simplement que l'idée préconçue (juste ou fausse) qu'on a de la culpabilité d'un individu fait que l'on considère comme preuve contre lui, même ce qui ne se rapporte pas à lui?

Parmi les charges présentées devant l'opinion

publique, il en est une que j'ai entendu fournir par des gens intelligents. C'est celle-ci. Après la condamnation de Dreyfus, l'état-major de l'armée a changé les horaires se rapportant à la mobilisation sur la frontière de l'Est.

Le raisonnement inconscient que fait celui qui parle est celui-ci : « Ce fait prouve que ceux qui sont chargés du service de la mobilisation sont convaincus que Dreyfus a livré ces horaires, et, par suite, Dreyfus est coupable ». D'abord, la conviction d'un homme ou de quelques hommes ne prouve rien (si ce n'est que leur conviction existe) : les raisons seules prouvent. Dire comme précédemment, cela revient à dire : « X est coupable (ou bien, je suis certain que X est coupable), parce que Y croit qu'il est coupable ». Et je préfère cette seconde manière de dire à la précédente, parce que la seconde montre bien que la proposition se réduit à un article de foi, tandis que la première prend l'apparence d'une démonstration et qu'elle n'est pas une démonstration.

D'ailleurs, le fait même du changement des horaires prouve-t-il que les officiers chargés du service sont certains que les horaires de mobilisation ont été livrés par Dreyfus? Je ne le crois pas : il leur suffisait, pour qu'ils les modifient, d'être certains qu'ils ont été livrés (que ce soit par Dreyfus ou par un autre). Et ils peuvent appuyer leur conviction sur le texte même du bordereau, qui dit que le traître a livré « une note sur les troupes de couverture », où l'on traite évidemment de faits se rapportant à la mobilisation. Et il suffit que cette note ait été livrée (par qui que ce soit) pour que ceux qui ont la responsabilité du service prennent les précautions nécessaires. Je dis même que la certitude que les horaires avaient été livrés n'était pas nécessaire (si j'en juge des autres par moi-même) pour qu'on y apportât des modifications. Je me place pour un instant à la tête du service de la mobilisation : nous sommes en 1894 et 1895, Dreyfus vient d'être condamné ; mon devoir de soldat est de le croire coupable et traître ; je sais, par exemple, qu'il a eu longtemps entre les mains les pièces se rapportant au sujet, j'en conclus qu'il a dû les livrer ; et je m'empresse d'accomplir mon devoir, qui est de prendre les précautions nécessaires pour que les renseignements que l'ennemi peut avoir ne correspondent pas à la réalité lors de la prochaine mobilisation générale.

Il y a encore d'autres exemples très nets à donner de l'influence de l'idée préconçue ou préjugé. Un des meilleurs à donner est celui que fournit le général de Pellieux, lorsqu'il accuse, sans preuve, le colonel Picquart d'avoir fait cambrioler l'appartement du commandant Esterhazy.

Je cherche à saisir le raisonnement inconscient de M. le général de Pellieux, et voici ce que je crois trouver. « Le colonel Picquart a voulu réhabiliter un traître ; il ne peut l'avoir fait que parce qu'il a vendu sa conscience aux défenseurs du traître : c'est donc un homme infâme et capable de tout ». Alors rien n'étonne plus le général de Pellieux, lorsqu'il s'agit d'un méfait du colonel Picquart : de la conviction qu'il a que M. Picquart est capable de tout, et, par conséquent, capable de faire telle chose déterminée, il passe facilement à la conviction qu'il a fait cette chose; juge improvisé, le général de Pellieux ne pense pas qu'un homme capable de tout n'a pas nécessairement tout commis, et qu'il est bon de vérifier le bien-fondé des accusations.

M. LE PRÉSIDENT. — Monsieur le général de Pellieux, pouvez-vous nous donner des renseignements sur cette perquisition dont vous nous avez parlé hier, qui avait été si importante que vous nous avez dit que c'était un véritable *cambriolage?*

M. LE GÉNÉRAL DE PELLIEUX. — Le colonel Picquart lui-même m'a avoué qu'un agent envoyé par lui était entré. Eh bien, je me demande ce qu'il allait faire dans l'appartement; je pense qu'il va me dire qu'il allait le louer.

M. LE COLONEL PICQUART. — Il me semble que j'ai expliqué la chose. Cet agent ne m'a pas rapporté autre chose qu'une carte sur laquelle il y avait quelques mots; je lui ai fait reporter la carte; je n'ai jamais eu autre chose.

M. LE PRÉSIDENT, au général de Pellieux. — Général, êtes-vous entré dans l'appartement?

M. LE GÉNÉRAL DE PELLIEUX. — Non.

M. LE PRÉSIDENT. — Alors vous ne savez pas l'état dans lequel il se trouvait.

M. LE GÉNÉRAL DE PELLIEUX. — Non.

M. LE PRÉSIDENT. — C'est qu'hier vous nous avez donné des détails.

M. LE GÉNÉRAL DE PELLIEUX. — Le commandant Esterhazy prétend qu'un meuble a été forcé et qu'il y a encore des traces.

Mᵉ CLÉMENCEAU. — Nous sommes d'accord : *ce que M. le général de Pellieux a affirmé, il le tenait exclusivement du commandant Esterhazy.*

M. LE GÉNÉRAL DE PELLIEUX. — *Parfaitement.* (Procès Zola, I, p. 332.)

Ainsi, nous voyons que M. Picquart est accusé par le général de Pellieux d'avoir fait cambrioler un appartement, et que tout ce que celui-ci affirme, il le tient exclusivement de M. Esterhazy (dont il connaît bien, pourtant, la valeur morale, puisqu'il a dû faire une enquête à son sujet). Le fait même du cambriolage importe peu ici (aucun enquêteur ne l'a constaté, mais cela ne prouve ni son existence, ni sa non-existence) : ce qui importe, c'est de montrer comment l'idée préconçue peut agir, et quelle puissance elle peut avoir pour former une conviction (1).

Le général de Pellieux accuse de cambriolage le lieutenant-colonel Picquart : étant officier lui-même, il sait à quel point il importe de ne pas toucher à l'honneur d'un soldat, il importe de ne pas porter une accusation grave contre un officier supérieur ; il sait qu'avant d'accuser — surtout quand on le fait devant la France et devant le Monde, on doit être absolument certain de son fait. Aussi est-il absolument certain de ce qu'il affirme : le ton dont il affirme suffirait à le prouver. Il est certain, et il n'a rien vérifié : sa certitude est faite d'un rien,

---

(1) Décidément, la loi est mal faite qui force à faire des enquêtes judiciaires, c'est-à-dire à découvrir et déjouer les intrigues des fourbes, d'honnêtes gens qui ne savent même pas ce que c'est que la fourberie, des gens qui croient sur parole ceux qui parlent, des gens que la foi conduit. Trop d'honnêteté nuit parfois.

mais ce rien paraît énorme, parce que l'idée préconçue fait sentir son action, parce que le préjugé
pèse de tout son poids sur l'esprit.

Le général porte, contre un officier supérieur,
une grave accusation dont il n'a pas vérifié l'exactitude ; mais sa conscience ne lui reproche rien, car
il est certain de ce qu'il affirme. Sa conscience ne lui
reproche rien ; et il suffit, pour en être convaincu,
d'avoir entendu sa déposition, et d'avoir constaté avec
quelle franchise et avec combien peu d'hésitation
il répondait aux questions qui lui étaient posées, et,
en particulier, avec quelle netteté il répondit : « Parfaitement », à la question : « Ce que M. le général
de Pellieux a affirmé, il le tenait exclusivement du
commandant Esterhazy? »

J'ajoute, que le général de Pellieux — si j'ai
suffisamment pu en juger en considérant ses actes
et ses paroles — me paraît aussi honnête que qui que
ce soit, et plus intelligent que beaucoup d'autres auxquels on accorde cependant une bonne intelligence.
Là où l'idée préconçue entre en jeu, l'intelligence
disparaît, ou, si l'on préfère, est comme si elle
n'était pas : là, l'intelligence et l'honnêteté ne
comptent plus, elles ne peuvent empêcher l'homme
de tomber dans l'erreur.

J'ajoute que le général de Pellieux n'est pas dépourvu d'esprit critique en général (il ne l'est que
lorsque l'idée préconçue l'aveugle), comme le
montrent certains passages de sa déposition devant
la Cour d'assises lors du procès Zola.

« La critique est aisée et l'art est difficile. » Et

celui qui critique le mieux, ou le plus volontiers, serait fort embarrassé, si les circonstances le forçaient
un jour à s'occuper de choses qui ne sont pas de
son métier, à sortir de sa profession. Si aujourd'hui
même on me chargeait d'une instruction judiciaire,
je la conduirais peut-être aussi mal que l'ont fait les
instructeurs dont je viens d'analyser le travail. Je
conduirais fort mal aussi, sans aucun doute, un
régiment sur le champ de manœuvres.

Nombre de personnes, après avoir constaté comme
moi qu'on peut être fort intelligent et fort honnête
et ne pas savoir conduire une instruction judiciaire
(j'entends, une instruction judiciaire difficile —
comme celle d'une affaire d'espionnage semblable
à la présente), seront tout disposées à dire : « Vous si-
gnalez le mal, c'est peu de chose; donnez donc le
remède ». J'avoue que je n'écris pas ce travail de
critique avec l'intention arrêtée de fournir des re-
mèdes à tous les maux que je signale. Néanmoins,
je proposerai ici un remède, qui consiste à faire faire
les instructions difficiles par des hommes du métier,
par des juges d'instruction civils. Le principe me
paraît bon; les détails d'exécution sont à étudier.

D'ordinaire, les affaires jugées par les conseils de
guerre sont d'une simplicité très grande, et il suffit,
pour les bien instruire et les bien juger, d'avoir un
cœur honnête et un jugement droit. Un inférieur a
insulté un supérieur : l'accusé avoue; dix témoins ont
entendu. L'affaire est claire, et on peut la juger

rapidement et justement. Mais quand, par hasard, on a à éclaircir une affaire d'espionnage, où l'on doit se mouvoir au milieu des faux témoignages, des faux documents, des mensonges, des apparences qui fuient lorsqu'on veut les saisir, l'intelligence et l'honnêteté ne peuvent suffire ; il faut être du métier, pour se retrouver dans le labyrinthe de l'affaire. Un juge d'instruction civil est mieux préparé, pour le combat contre les difficultés, que les militaires chargés des instructions. Ce n'est pas parce qu'il est civil, qu'il est plus capable, c'est seulement parce qu'il est du métier, parce qu'il a fait sa carrière dans la profession judiciaire : comme avocat, comme juge, et comme instructeur, il a été en contact avec le monde des malhonnêtes gens; il a vu que souvent les apparences, surtout celles qui dérivent d'une première impression, étaient trompeuses, et qu'il fallait vérifier tout ce qui est vérifiable; il a vu que les plus habiles se trompaient parfois, il l'a touché du doigt, pour ainsi dire, et il est devenu plein de précautions. La crainte de l'erreur est devenue pour lui le commencement de la sagesse. Avant de faire lui-même des instructions judiciaires, il a dû nécessairement en suivre un grand nombre d'autres; et il a vu comment on peut vaincre les difficultés : il a appris ce qu'il fallait faire pour cela, et, en étudiant comment les plus habiles avaient pu se tromper, il a appris ce qu'il fallait faire et éviter pour ne pas tomber dans l'erreur (1).

---

(1) Rien n'est instructif, pour apprendre à bien se guider, comme

Ce n'est pas dès le premier engagement, que l'on peut vaincre les grosses difficultés : ce n'est que lorsqu'on a l'habitude de les combattre, qu'on y parvient. Le juge d'instruction civil peut avoir cette habitude, le juge d'instruction militaire ne l'a pas. Les officiers qui sont chargés des enquêtes préliminaires peuvent l'être pour une seul affaire dans tout le cours de leur existence; quant aux rapporteurs devant les conseils de guerre, ils peuvent occuper leurs fonctions plusieurs années de suite, mais leurs occupations antérieures ne les ont nullement préparés à remplir ces fonctions, et, d'autre part, quand ils les remplissent, ils n'ont pas, pour se former, l'avantage du maniement journalier des difficultés. Il ne suffit pas, pour ne pas choir dans les chemins difficiles, de savoir qu'on est faillible en général : il faut penser qu'on peut faillir à chaque pas; et ce n'est que parce qu'on a vu ceux qui vous entourent tomber dans l'erreur, et qu'on y est tombé soi-même, qu'on apprend à mesurer et compter les chances d'erreur, et à les éliminer dans la mesure du possible.

Je voudrais que les instructions judiciaires difficiles fussent confiées à un juge civil, à un juge connu pour son habileté. Ce juge serait nommé, ou

---

l'étude des erreurs commises, dans la partie que l'on étudie, par ceux qui ont su y briller le plus [v. Erreurs classiques, p. 343].

Je voudrais que l'on fît, à l'usage des juges d'instruction, des recueils ou des livres dans lesquels on étudierait, au point de vue de la méthode, toutes les erreurs (même les erreurs de détail) qui ont été commises et sont commises.

agréé, par le ministre de la guerre ; on le choisirait parmi ceux qui sont officiers de réserve, afin de pouvoir lui confier à l'occasion des secrets militaires ; on exigerait de lui toutes les garanties nécessaires d'honnêteté et de patriotisme. (Pour l'éclaircissement des points tout à fait techniques, quand il y en aurait, on lui adjoindrait, comme collaborateurs ou comme experts, des officiers choisis pour leur compétence spéciale). Ce juge d'instruction, lorsqu'il aurait débrouillé les affaires militaires difficiles qui lui sont confiées, retournerait, jusqu'à ce qu'on ait encore besoin de ses services, s'occuper aux difficultés des affaires civiles.

Une fois l'instruction faite et les difficultés vaincues, une fois l'affaire éclaircie, le dossier serait examiné et l'affaire jugée par des militaires, et suivant les indications du code militaire, comme cela se fait actuellement. L'affaire étant éclaircie, il suffirait, pour bien juger, d'avoir de l'honnêteté et un sens droit. Par suite, toutes les affaires seraient bien jugées.

Quand, au mois de février dernier, je parlais à quelques amis du projet exposé ci-dessus, je pensais qu'on ferait difficilement admettre par des militaires qu'un civil puisse, par suite de ses fonctions, être instruit de secrets intéressant la défense nationale. Les temps sont changés. Les journaux ont parlé d'un projet ministériel (peut-être mis à exécution à l'heure qu'il est) qui consiste à confier le service des renseignements du ministère de la guerre à des employés civils.

POUVOIR DES MOTS. [p. 406.]

[Les mots ont un pouvoir propre : ils font participer à la faveur dont ils jouissent ou à leur défaveur les objets auxquels ils servent d'étiquette, — que ces objets, d'ailleurs, méritent ou ne méritent pas l'étiquette qu'on leur appose ainsi.] [*Méth. d. les Sc, exp.*, p. 406].

Comme le peuple raisonne plutôt avec des mots qu'avec des idées, ceux qui veulent s'adresser à lui choisissent, quand ils sont habiles, les mots aimés ou ceux dont ils connaissent le pouvoir ; les idées, bonnes, mauvaises, ou absentes — si l'on peut s'exprimer ainsi —, passent sous leur couvert.

Étudier un objet est long, regarder l'étiquette est vite fait ; et on se contente de regarder l'étiquette, au lieu d'étudier l'objet. Aussi l'homme habile s'occupe-t-il de chercher une étiquette défavorable à ses contradicteurs, et à la placer sur eux (nouvelle tunique de Nessus) de telle sorte qu'ils ne puissent plus s'en débarrasser. L'homme habile appose l'étiquette ou prononce le mot, et la foule répète le mot et fixe l'étiquette : l'homme habile donne le mouvement, et les moutons de Panurge suivent le mouvement du premier mouton.

Tout se réduit alors, pour l'homme habile (qui

souvent ne sait pas faire l'analyse psychologique de son action, et agit comme par instinct), à trouver vite l'étiquette qu'il apposera; et c'est à qui le premier traitera son ennemi d' « antipatriote », de « traître », etc. Si l'on parvient à fixer l'étiquette, l'ennemi est perdu : il n'a plus qu'à battre en retraite et à disparaître.

Dans l'affaire présente, les deux partis ont usé de ce stratagème ou de ce moyen de combat : l'étiquette est encore branlante, le taureau agite vivement ou secoue la *banderilla* qu'il voudrait détacher, on ne sait encore s'il parviendra à s'en défaire, on ne sait encore quel est le parti qui succombera sans avoir pu se débarrasser de l'étiquette ou de la *banderilla*.

C'est au nom du « *patriotisme* », que des Français proposent d'exterminer des Français. C'est au nom de l'amour pour la France, qu'on déchire la France, et qu'on lui fait perdre devant l'étranger ce qui faisait son bon renom : c'est au nom de sa gloire qu'on l'avilit.

Patriotisme! que de crimes on commet en ton nom!

L'un dit : « Vous n'aimez pas la France, parce que, en soutenant sciemment et délibérément une grave illégalité qui semble une menace pour toute une partie du peuple français, vous touchez au patrimoine moral de la France, patrimoine fait des grandes idées de liberté, d'égalité, de fraternité, de justice, qu'elle a semées à travers le monde et qui ont fourni une ample moisson ». L'autre dit : « Vous n'aimez pas la France, parce que vous voulez toucher à l'état-major de l'armée, que toucher à l'état-major c'est toucher à tout le corps des officiers, et que toucher au corps des officiers c'est affaiblir l'armée, et qu'affaiblir l'armée c'est préparer à la France les défaites et l'anéantissement ».

L'un veut sauvegarder le patrimoine moral, l'autre le patrimoine matériel; et chacun croit et veut avoir le monopole du patriotisme. « Celui qui ne dit pas comme moi est un antipatriote! c'est un vendu! c'est un traître! » Voilà qui est simple et ne nécessite pas, pour être trouvé, un grand effort d'intelligence.

Des mots! des mots! toujours des mots! Les mots sont les maîtres du monde (du monde dans lequel l'homme prétend commander, tout au moins).

Voici un exemple, emprunté à l'affaire, du pouvoir des mots.

J'ai vu des gens, fort intelligents, d'ailleurs, s'étonner de ce que certains se soient, dans l'affaire de l'expertise en écriture du bordereau, ralliés aux conclusions des experts non jurés plutôt qu'à celles des experts jurés.

Le mot « *expert juré* » a un pouvoir propre, qui fait voir la chose qu'il désigne sous un jour spécial. Il semble que l'expert juré soit nécessairement un homme fort entendu, et que celui qui n'est pas expert juré soit nécessairement un homme peu ou pas entendu. La chose est vraie en général; mais elle ne l'est pas nécessairement et, par conséquent, toujours. Dans chaque cas particulier, il faut, avant

9.

de porter un jugement sur les conclusions données, apprécier les capacités professionnelles des experts qui concluent, et, aussi leur esprit scientifique. Capacités professionnelles et esprit scientifique sont deux choses essentiellement distinctes, qui, peuvent se trouver réunies dans le même homme, mais n'y sont pas nécessairement réunies. Dans une expertise présentée, il y a deux choses à voir, et à examiner séparément : les faits observés, sur lesquels on se base pour conclure, et les conclusions. Pour observer les faits, il suffit d'avoir du soin, de bons yeux (ou de bonnes oreilles, ou de bons organes des sens), de bons instruments, et la pratique du sujet. Pour tirer les conclusions [v. Pour instituer les expériences — Pour tirer les conclusions, p. 218], il faut savoir induire, et, pour cela, avoir l'esprit scientifique. On peut être méticuleux observateur et médiocre savant.

Pour bien des matières, les experts jurés sont des hommes qui par profession étudient les choses dont ils doivent parler dans leurs expertises, et ils les étudient depuis leur enfance ou leur adolescence. Par exemple, les médecins experts sont passés par les Écoles de médecine, et les ingénieurs experts sont passés par les Écoles d'ingénieurs : les diplômes que leur ont délivrés les écoles d'enseignement supérieur sont une garantie — imparfaite, il est vrai (1) — de leurs capacités. Les écoles d'enseigne-

_____

(1) Le diplôme ne prouve pas d'une façon absolue les capacités. J'ai connu des diplômés de l'enseignement supérieur qui avaient des

ment supérieur donnent à la fois une instruction
professionnelle et — au moins en germe — l'esprit
scientifique. S'il n'y a pas, à ma connaissance, d'É-
cole d'expertise d'écriture, il y a en France une École
où l'on fait l'étude des écritures, c'est l'École des
Chartes; et à priori on peut admettre (jusqu'à ce
qu'on l'ait vérifié dans chaque cas particulier) que,
de deux experts en écriture inconnus, celui qui a
été élève à l'École des Chartes est le plus habile.
Chose curieuse, un seul, je crois, des experts en
écriture inscrits à Paris sort de l'École des Chartes.
La présomption de capacité qui dérive du diplôme
n'est donc pas grande en faveur des experts jurés
inscrits. Une autre présomption de capacité ou
d'habileté professionnelle est celle qui dérive du
nombre d'années depuis lequel on exerce la profession, ou on étudie le sujet : celui qui dès l'enfance a travaillé dans une voie doit avoir, toutes
choses égales d'ailleurs, plus de capacité que celui
qui n'est entré dans cette voie qu'après en avoir
abandonné d'autres.

Mais il ne faut pas, lorsqu'on veut connaître les
capacités d'un expert, s'en tenir aux présomptions
plus ou moins sérieuses dont je viens de parler, et
qui s'appliquent à peu près exclusivement à l'habileté professionnelle de l'observateur, et non à son
esprit scientifique. L'esprit scientifique d'un homme

capacités moyennes ou médiocres, et quelques hommes non diplômés
dont les capacités étaient très grandes. Il ne faut pas avoir la superstition du diplôme ou du « parchemin »;

n'est bien connu que lorsqu'on a étudié un certain nombre de ses travaux, et que l'on a pu apprécier sa méthode, la manière dont il observe, dont il fait les hypothèses explicatives, dont il institue les expériences destinées à vérifier les explications, et dont il tire les conclusions. On peut encore apprécier, mais plus difficilement, l'esprit scientifique d'un homme en étudiant une seule de ses expertises, dans laquelle il doit toujours, s'il veut mériter le titre d'homme de science, montrer sa méthode. Je me défie de l'esprit scientifique de celui qui voit tout, qui sait tout, à qui rien ne reste caché, et qui est certain de tout, c'est-à-dire qui attribue à toutes ses affirmations une probabilité de 100 %. Je me défie aussi de ceux qui ont inventé des systèmes, surtout quand ils sont seuls à pouvoir appliquer leur système.

Lorsqu'on a une méthode, on peut toujours l'exposer sans avoir besoin de parler de faits secrets : la méthode est toujours la même (dans ses traits généraux, sinon dans tous ses détails), quelle que soit l'affaire à laquelle elle s'applique ; et à cause de cela, on peut choisir, pour l'exposer, un exemple quelconque — que l'on imagine, s'il en est besoin.

On peut avoir une certaine dose d'esprit scientifique, et en faire parfois un usage défectueux. Aussi ne faut-il jamais s'en remettre aveuglément à un homme, si savant soit-il, lorsqu'il s'agit de juger et conclure. Le plus grand savant pouvant se tromper, il faut, dans chaque occasion, se dire que c'est peut-être dans le cas présent qu'il se trompe. Je ne me contente pas des conclusions d'un homme, je veux juger les raisons qui lui permettent de conclure ; et cela, non pas parce que je crois être plus habile que celui qui conclut, mais parce que, si je suis incapable d'être l'architecte qui construit l'édifice (de l'expertise), je puis être le passant ou l'habitant qui trouve en un certain point de l'édifice un défaut ou une disposition incommode. Si grand que soit l'architecte, je veux entrer dans la maison, pour voir si tout y est à ma convenance. Aussi n'y a-t-il pas de mot qui m'impose et m'en impose, pas de titre — que ce soit celui de professeur à l'École des Chartes ou celui de membre de l'Institut — qui puisse m'empêcher d'étudier les raisons. Il ne doit pas suffire qu'Aristote ait dit telle chose, pour qu'on y ajoute foi. Je pense que si Dieu même consentait à discuter avec moi, je refuserais de le croire sur parole (sauf pour ce qui touche à la religion), et je lui dirais : « Il ne me suffit pas que tu m'affirmes que les choses sont ainsi ; si tu veux que je le croie, prouve-le ». J'aime mieux qu'on me donne de bonnes raisons sans avoir de titre, que si l'on a de beaux titres et qu'on ne me donne pas de raison. Par suite, lorsque j'affirme une opinion, en lui attribuant une probabilité de 70 ou 80 %, c'est après examen.

Il a été exposé ailleurs que les plus grands savants se trompaient : les petits savants se trompent aussi, et plus souvent et plus grossièrement que les grands. Reportons-nous à l'expertise faite par M. Bertillon du bordereau attribué au condamné Dreyfus. Nous n'en connaissons officiellement que les conclusions et le schéma donné par un certain nombre de journaux : cela n'est pas suffisant pour qu'on puisse juger sérieusement toute l'expertise, mais c'est assez pour qu'on puisse juger avec quelque apparence de justesse la façon de raisonner de l'auteur appliquée à certains points. Les interprétations que j'ai pu trouver des inscriptions portées sur le schéma m'ont paru d'une fantaisie extraordinaire; mais il peut se faire que l'auteur en ait une, que je n'ai pas aperçue, qui soit scientifique : il faut attendre qu'il la donne. J'avoue, cependant, que j'attribue une faible probabilité au fait que l'explication que l'auteur peut donner de son schéma est scientifique, parce que le schéma est assez détaillé pour qu'on puisse par endroits suivre assez nettement la marche du raisonnement. Il semble bien que, dans la constitution de ce schéma, l'imagination, cette « maîtresse d'erreur », ait réussi à vaincre l'esprit scientifique.

M. A. Bertillon n'est pas l'homme totalement dépourvu d'esprit scientifique, et même d'intelligence, qu'il a pu apparaître à quelques-uns; et il me semble que ceux qui ont soutenu les conclusions de son expertise n'ont pas soutenu suffisamment leur expert. C'est, je crois, précisément parce qu'il est intelligent, qu'il a paru l'être si peu, lors de sa déposition à la Cour d'assises, en février 1898. Sachant que l'avocat de M. Zola chercherait à lui faire dire ce qu'il voulait cacher; comprenant que l'habileté ne serait pas de son côté, et que, s'il répondait à une question en apparence éloignée de ce qu'il voulait taire, il serait entraîné à répondre à des questions qui s'y rapportaient, il était arrivé — à ce qu'il m'a semblé — à la Cour d'assises avec l'intention arrêtée de ne rien dire du tout : aussi, lorsqu'on lui posait une question quelconque, défiant, il se taisait, alors qu'il aurait pu facilement répondre sans se compromettre, ou bien, s'il y était contraint, il répondait quelques mots, qui étaient inintelligibles, parce qu'il craignait, en les expliquant, d'être entraîné où il ne voulait pas aller. Et beaucoup mirent sur le compte de son défaut d'intelligence ce qui devait être mis au compte de sa défiance.

Ne nous en laissons pas imposer par les mots : ne nous demandons pas si l'expert que nous avons devant nous est juré ou non juré ; demandons-nous seulement s'il a les qualités qu'il faut pour bien apprécier, et si, dans le cas présent, il fait un bon usage de ces qualités. Si un expert juré était nécessairement un homme entendu, quelle merveilleuse découverte aurait faite l'homme, le jour où il a créé les experts jurés! En effet, pour faire d'un homme non expert juré un expert juré, il suffit de quelques formalités et d'un serment fourni à point : il serait vraiment admirable que l'on pût faire aussi facilement, et pour ainsi dire instantanément, d'un ignorant un homme entendu.

Chacun des deux partis en présence a « son » traître. Pour l'un, « le » traître est M. Dreyfus ; pour l'autre, c'est M. Esterhazy. Et chacun des deux partis accuse l'autre de vouloir sauver « le » traître.

Vouloir sauver un homme que l'on sait traître à sa patrie est une chose excessivement grave, et celui qui est capable de faire cela peut fort bien être capable de trahir. Aussi, bien que je n'aie pas de l'homme en général une opinion telle que je sois toujours prêt à le couvrir de fleurs, il m'est difficile d'admettre qu'on trouve en France des milliers, et même des millions, d'hommes dont l'âme soit si noire qu'ils puissent s'amuser à ce jeu. L'homme, qui n'est pas un ange, n'est pas non plus une bête : il n'a pas d'ordinaire, à ma connaissance, la férocité nécessaire pour vouloir déchirer sa mère ou se repaître des tourments de sa patrie. Je crois, jusqu'à preuve du contraire, que, si l'un des deux partis soutient un traître (peut-être même les deux le font-ils), c'est simplement parce que les membres de ce parti ignorent qu'il est traître. Et si, soutenir celui qu'on sait traître dénonce un cœur mauvais, soutenir celui qu'on ne connaît pas comme traître (qu'il le soit ou non) dénonce tout au plus une faiblesse de jugement — ce qui est un défaut bien suffisant —. L'esprit de parti intervenant, chacun cherche à fixer sur l'ennemi l'étiquette qui le déconsidèrera, à fixer sur lui d'une façon indélébile le mot ou l'inscription « *ami du traître, traître* ». Quel est le parti qui réussira dans sa manœuvre ?

Un autre mot, ou une autre expression, qui semble posséder un pouvoir propre est « *à la légère* » : ce mot, en vertu de son pouvoir, endort l'esprit, qui alors ne veut ou ne peut examiner la chose que le mot couvre et cache trop bien.

J'ai eu l'occasion d'entendre soûvent quelques personnes qui, certaines que le condamné Dreyfus avait été jugé légalement et justement, soutenaient leur dire par le raisonnement que voici (en substance) : « Les juges qui l'ont condamné étaient certainement consciencieux, et ils ne l'ont pas condamné *à la légère*; ayant été condamné dans ces conditions, Dreyfus est coupable ». Je remarquais, en entendant discuter ces personnes, que l'expression « pas à la légère », à laquelle elles revenaient volontiers pour en faire usage, mais qu'elles se gardaient bien d'expliquer d'une façon nette (parce qu'alors son pouvoir magique aurait disparu), je remarquais, dis-je, que l'expression « pas à la légère » avait pour elles la propriété de donner aux faits et aux raisonnements auxquels on l'appliquait le caractère de l'infaillibilité. Ces personnes, et nombre d'autres dont on retrouvait les assertions dans des articles de journaux de la fin de l'année 1897 et du commencement de 1898, croyaient qu'on ne pouvait se tromper que lorsqu'on agissait à la légère, c'est-à-dire sans prendre aucune des précautions nécessaires pour éviter l'erreur. Et j'ai montré ailleurs que les plus grands savants se trompent dans l'étude des questions qu'ils connaissent le mieux, et en prenant les précautions qu'ils ont l'habitude de prendre pour éviter l'erreur. Il est certain que, si toutes les précautions pour éviter l'erreur étaient prises, l'erreur ne serait jamais commise; mais il est certaines précautions qu'on ne peut prendre (parce qu'elles sont au-dessus des forces humaines), et qu'on ne peut reprocher à personne de ne pas prendre — comme, par exemple, la précaution d'attendre, pour juger un fait quelconque, d'avoir un jugement ou un esprit parfait —. Tout ce qu'on peut demander à un juge — qu'il juge une question scientifique, judiciaire, ou autre —, c'est d'agir suivant sa conscience, et de prendre, pour éviter l'erreur, toutes les précautions que sa compétence en la matière lui indique. Plus la compétence réelle en la matière est grande, plus le nombre des précautions que prendra l'homme, avant de juger, sera grand (1) : et c'est pour cela que la loi est mauvaise qui ordonne que certaines affaires soient instruites et jugées par des gens qui ne sont pas préparés à ces fonctions difficiles.

Les juges du procès Dreyfus, de 1894 ont eu à juger une affaire dans laquelle la « base de l'accusation », suivant l'expression de l'acte d'accusation, était un bordereau d'envoi non signé. Ce bordereau indiquait qu'un officier français trahissait son pays. N'étant pas experts en écriture, les juges ont pris la précaution essentielle de livrer ce bordereau à l'étude des experts. Peut-on dire qu'ils aient agi à la légère ? Non. Ils ont pris les précautions que leur compétence en la matière leur permettait de

---

(1) La plus essentielle des précautions, que le juge de profession ne manquera jamais de prendre, est celle qui consiste à interroger l'accusé au sujet des charges qui pèsent sur lui. Si un juge de profession négligeait cette précaution, on pourrait dire de lui qu'il a agi à la légère.

prendre. Peut-on dire qu'ils ne se sont pas trompés?
Dans l'attribution du bordereau à A. Dreyfus, ils
se sont trompés, parce qu'ils ont été trompés par
les experts, qui s'étaient d'abord trompés eux-mêmes. Nous voyons par là qu'on peut ne pas agir
« à la légère » et cependant se tromper (1) : les
plus savants des hommes se trompent, les plus habiles des juges se trompent.

L'expression « pas à la légère » ne doit pas avoir
plus que d'autres le pouvoir d'endormir notre jugement. Ne nous laissons pas griser par les mots.

Ne nous servons des mots que pour arriver à
l'étude des choses, qui seule importe. Pressons
l'éponge, pour voir ce qu'elle cache. Arrachons
l'écorce-mot et le bois, pour arriver à la sève-chose ;
brisons l'os, pour voir et goûter la « substantifique
mouelle ». Servons-nous des mots ; ne soyons pas
leurs serviteurs, leurs esclaves, leurs jouets.

---

(1) Certains se sont demandés comment les juges du procès de
1894 avaient pu condamner A. Dreyfus. Je me demande plutôt comment ils auraient pu ne pas le condamner, puisqu'à ce moment-là
le bordereau incriminé était (officiellement — d'après les experts)
de lui.

[On a quelquefois d'autres raisons de croire à la réalité d'un fait ou à la justesse d'un raisonnement que l'évidence qui vient du raisonnement même (raisonnement conscient ou inconscient, ou plutôt explicite ou implicite).

Parfois, ce qui fait qu'on tient un raisonnement pour bon ou un fait pour réel, c'est que la justesse du raisonnement ou la réalité du fait ont été affirmées par d'autres personnes à qui on pense devoir accorder une certaine créance.

L'autorité des anciens et particulièrement d'Aristote était un exemple de cela. Aristote avait affirmé ou avait dit que telle chose était ainsi : cela suffisait pour qu'on le crût, sans qu'on eût à se demander si cet auteur avait été bien placé pour la connaître et l'étudier entièrement, et si l'expérience était conforme à son affirmation. On pourrait dire que le moyen âge et une partie des temps modernes ont pensé par le cerveau d'Aristote.]

[Ce pouvoir propre des affirmations s'observe dans les faits d'instruction et d'éducation, et dans la suggestion en général — dont l'instruction peut, en une certaine mesure, être considérée comme un cas particulier —. Quand le professeur donne la démonstration d'une proposition de mathématiques, par exemple, la première raison qui fait que l'élève croit le raisonnement bon, c'est que ce raisonnement (et les affirmations qu'il contient) est fait par une personne en qui il a confiance : il croit l'affirmation donnée, parce qu'il suppose que celui qui la donne ne la donnerait pas si elle n'était pas juste.]

[Le professeur affirme ou dit que tel raisonnement est bon, l'élève est disposé à croire cela avant de le vérifier, et s'il est tenté de vérifier, l'idée préconçue qu'il a, touchant la justesse, peut l'empêcher quelquefois de distinguer ce qui n'est pas juste (1). Cela est facile à observer dans les sciences mathématiques pures, où il y a peu de chances d'égarement pour un esprit attentif, mais plus facile encore dans les sciences expérimentales, où l'attention ne suffit pas généralement pour montrer la justesse d'une affirmation complexe, contenant à la fois des faits et des raisonnements.

Ce serait une expérience intéressante au point de vue psychologique — mais non recommandable dans la pratique — que celle qui consisterait, pour un professeur, à faire de mauvais raisonnements qu'il donnerait comme bons dans son enseignement, afin de voir comment ses élèves les accepteraient, quand d'ailleurs ces raisonnements faux pourraient avoir quelque apparence de justesse.

[(1) Voir la Note sur les « Préjugés », pages 366 et suivantes.]

Dans le domaine des sentiments, on croit moins facilement l'affirmation du professeur, ou de l'homme faisant autorité, que dans celui des idées. Néanmoins, là encore, cette action est sensible.

Ce que je viens de dire de l'élève est applicable à tout le monde, car tous nous sommes élèves en quelque chose, vis-à-vis de ceux qui sont plus savants que nous dans la science en général, ou dans une partie de la science qu'ils ont cultivée spécialement. Quand nous croyons à un point de science, c'est, pour les 3/4, parce qu'il a des apparences de justesse, et pour 1/4, parce qu'il a été affirmé par des savants (qui parfois ont affirmé gratuitement) (1).

Quand il s'agit de suggestion proprement dite, et surtout de suggestion faite pendant l'hypnose, le pouvoir énorme (exclusif parfois) de l'affirmation n'a pas besoin d'être montré : il est trop connu.

Il est un cas dans lequel l'affirmation a une influence qui ne semble pas avoir été suffisamment signalée — si ce n'est, peut-être, par certains romanciers —. Il s'agit du cas où l'affirmation faite agit

---

[(1) Bien entendu, les rapports 3/4 et 1/4 ne sont donnés que pour fournir une formule facilement compréhensible : ils ne sont pas l'expression exacte de la réalité pour tous les hommes, ni pour un homme donné à tous les moments de son existence, ni à un moment quelconque de son existence vis-à-vis de toutes les questions. Au contraire, ce rapport varie avec les individus, avec leur âge, leur état de santé, la question envisagée, etc. Le rapport varie, mais l'action existe toujours.]

sur l'esprit de celui qui la fait. Cette action est un fait psychologique intéressant. Il arrive souvent que l'on croit à un fait surtout parce qu'on l'a fortement affirmé soi-même. Quand il s'agit d'un fait qui n'est pas directement abordable par l'expérience, en particulier, il arrive qu'on affirme sur sa manière d'être quelque chose qui paraît assez conforme à ce qu'on appelle « la logique des choses » : la première fois, l'affirmation n'est pas très affirmative, si l'on peut s'exprimer ainsi. — on dit la chose plutôt qu'on ne l'affirme —; si l'on a l'occasion de parler sur le même sujet dans des occasions subséquentes, l'affirmation devient plus ferme à chaque fois, sans cependant qu'on ait pu acquérir quelque preuve nouvelle de la justesse de l'affirmation. L'affirmation sera, toutes choses égales d'ailleurs, d'autant plus rapidement rendue ferme, qu'on aura plus souvent l'occasion de rencontrer, dans l'exposition qu'on en fera, un opposant incompétent. Lorsqu'on se trouve en face d'une personne qui dit « non », si l'on est porté vers le « oui », le « oui » devient très affirmatif quand le partisan du « non » ne sait pas fournir, au moment même, de bons arguments en faveur de son dire. Se trouver dans ce cas, c'est être près d'entrer dans la voie de l'erreur.

Celui qui affirme qu'il n'y a qu'une explication possible, finit par le croire d'une façon plus ou moins ferme, par le fait même de la répétition qu'il fait de son affirmation.

De même qu'on finit souvent par persuader les autres par une affirmation nette, on arrive à se persuader soi-même par le même moyen, dans une certaine mesure — dans le domaine intellectuel et dans le domaine affectif.]

Je connais nombre de personnes qui se sont affermies de jour en jour dans la conviction que le condamné était coupable ou qu'il était innocent, et qui sont aujourd'hui absolument certaines de ce qu'elles affirment, sans en avoir eu jamais aucune véritable preuve. Il me semble bien que ce qui a agi sur ces personnes, c'est précisément le fait de la répétition de l'affirmation qu'elles énonçaient, et qu'on énonçait autour d'elles, lorsque ces personnes se trouvaient dans un milieu où tous les individus avaient la même conviction.

Prenez une de ces personnes qui affirment depuis plus d'un an une certitude, et apportez-lui les preuves du contraire de ce qu'elle affirme : je doute fort que vous puissiez arriver, même si vous êtes un homme habile, à lui faire entendre raison. Si, par hasard, vous y parveniez, ce serait dans un temps assez long, en vous astreignant à répéter la démonstration et l'affirmation un grand nombre de fois à des intervalles divers. Une affirmation imprimée par répétition dans un cerveau ne peut y être détruite que par l'impression faite de même d'une autre affirmation.

Une affirmation ne prouve rien, si ce n'est parfois la sottise de celui qui affirme, quand il le fait sans raisons suffisantes. L'affirmation ne prouve rien ; mais elle agit autant que les preuves, pour fixer une conviction dans l'esprit.

CONCLUSION

De toutes choses, même des pires, on peut tirer
un bienfaisant effet. De l'étude des maux passés ou
présents, il faut tirer le remède aux maux futurs.
Montrer d'où les maux viennent, c'est apprendre à
les éviter.

Nous avons étudié quelques-unes des causes de la
crise que nous subissons; nous avons vu que bien
des paroles et des actions répréhensibles sont commises ou prononcées sans que ceux qui les commettent ou prononcent soient de véritables malfaiteurs,
des malfaiteurs d'intention; tous — ou à peu près —
croient bien faire; mais la logique de la plupart est
faible, leur méthode dans le raisonnement absente,
leur raisonnement s'appuie sur des bases fantaisistes (si l'on peut ainsi parler), bases qu'ils ne voient
pas. L'esprit ne sait pas dominer le cœur, et les passions sont déchaînées. Le défaut que la crise rend
apparent est un défaut de l'esprit plutôt qu'un défaut du cœur : c'est en donnant nos soins à l'esprit que nous parviendrons à éviter les crises qui
peuvent nous menacer dans l'avenir. Nous serons
d'autant moins menacés que nous mettrons plus de
méthode dans nos raisonnements, et, en particulier,

10

que nous nous rendrons mieux compte de ce qui nous fait raisonner et agir comme nous le faisons.

Les peuples les moins menacés de crises semblables — et aussi de crises autres — sont ceux qui, toutes choses égales d'ailleurs, savent et sauront conduire avec le plus de méthode leurs actions, et les raisonnements qui commandent celles-ci. L'avenir est aux peuples observateurs de la méthode : le monde leur appartiendra.

Occupons-nous donc de donner aux hommes les principes de la méthode pour penser et agir. Pour cela, il ne suffit pas de s'adresser aux hommes faits, dont les tendances sont déjà fortement imprimées dans l'individu, il faut encore et surtout s'adresser à l'enfant, qui reçoit mieux que l'homme fait les impressions qu'on veut fixer dans son intelligence ou dans son cœur. L'éducation, qui peut et doit viser l'homme, doit viser et toucher surtout l'enfant. Il faut inspirer à l'enfant le goût de la méthode, le goût des études méthodiquement faites, quel que soit le sujet qu'on étudie. Pour y parvenir, il faut que ceux qui sont chargés de l'instruire aient eux-mêmes ce goût — et aussi le moyen de le satisfaire —. C'est pour cela que l'enseignement de la méthode en général et des méthodes devrait être fait avec soin dans l'enseignement supérieur, et être donné dans des cours spéciaux (et aussi par chaque professeur dans son cours). De l'enseignement supérieur, le goût de la méthode passerait dans l'enseignement secondaire, et aussi, il faut l'espérer, dans l'enseignement primaire. En donnant l'enseignement théorique — et surtout pratique — qui est préconisé ici, on outillerait bien pour la lutte les individus et le peuple qu'ils composent.

Une bonne méthode indiquera la manière d'adapter, dans un peuple donné, l'éducation du cœur et de l'esprit des individus qui le composent aux qualités — et aux défauts — de ces individus.

On a cherché à montrer comment le cœur agissait sur l'esprit, quand l'esprit n'est pas soutenu par la méthode, comment la partie affective de nous-même, qui est pour ainsi dire au fond de l'individu, agissait sur les raisonnements, qui sont à la surface, qui sont la partie apparente de l'individu, ou plutôt qui rendent apparente la partie intelligente de nous-même. On a montré combien l'esprit de parti faussait le jugement; et nous avons déclaré une guerre acharnée à cet ennemi mortel de l'intelligence, à cette peste de l'intelligence.

On a montré qu'il était d'une bonne méthode de mettre chacun à la place qui lui convient, et de ne pas charger d'une fonction l'homme intelligent qui n'est pas préparé à la bien remplir (car l'homme intelligent est intelligent dans son métier, mais ne l'est pas dans celui des autres). On a montré que, dans le cas présent, ce précepte d'une bonne méthode n'avait pas été observé, que la loi ne l'avait pas appliqué (en ordonnant que des gens qui n'étaient pas habitués à en faire seraient chargés d'instructions judiciaires difficiles), et que, par suite, les reproches qu'on avait adressés à quelques hommes devaient logiquement être adressés à la loi.

Les peuples, comme les individus, passent par des points critiques ou des époques critiques : parfois ils subissent des crises, ils souffrent de certaines maladies. Il semble que les crises soient nécessaires à la vie des peuples comme à celle des individus. (Pour moi, je crois qu'elles sont normales, mais non nécessaires, c'est-à-dire qu'elles se produisent normalement, lorsque l'action humaine n'intervient pas, mais non nécessairement, parce que l'action humaine peut les éloigner ou les éviter). Il semble aussi que la maladie éprouvée procure, pour un temps, l'immunité pour ou contre les maladies semblables. Espérons que la crise que nous traversons nous préservera de nouvelles crises; mais aussi efforçons-noüs de développer l'esprit scientifique, qui est le meilleur « vaccin » contre les maladies semblables à celle qui nous torture.

Si nous avons su tirer une leçon de l'étude des maux présents, l'erreur aura été source de vérité, le mal aura été source de bien, nous serons préservés de nouveaux maux. Le mal est parfois source de bien, et, d'autre part, le mal souffert nous fait mieux goûter le bien qui vient après, la nuit nous permet de sentir et d'apprécier le jour, l'erreur d'abord admise nous fait goûter la vérité. Les éléments contraires se font ressortir, et se suivent, sinon nécessairement, au moins normalement, comme la mort suit la vie (à laquelle elle fournit les éléments essentiels) dans un cycle fermé où la vie naît de la mort (la matière vivante empruntant ses éléments à la matière morte).

Dans la course qu'ils fournissent à travers les siècles, les peuples passent par des états divers. Tantôt leur grandeur nous étonne, tantôt leur bassesse ;
tantôt leur grandeur matérielle, tantôt leur abais-
sement et leur décadence; tantôt leur grandeur
morale, tantôt leur bassesse morale (1).

Parfois, c'est l'esprit, l'intelligence, le savoir des
hommes, qui leur donne la puissance matérielle et
leur permet d'arracher à la nature ses secrets et ses
richesses; parfois, c'est l'esprit, c'est l'intelligence
conduite sans méthode qui fait choir dans l'erreur,
dans l'erreur qui peut avoir des conséquences matérielles considérables, qui peut conduire tout un
peuple à un état voisin de la folie (2).

Les pathologistes, ceux qui s'occupent des maladies des peuples, ont leur attention captivée par les
beaux cas que fournit la nature. Mais on ne peut
se réjouir longtemps d'avoir trouvé un beau sujet
d'étude, quand on considère les effets désastreux de
la maladie, et, en particulier, quand le malade est
un peuple ou un groupe social dans lequel on vit,
dans lequel vivent ceux à qui l'on tient le plus.

La marche de l'humanité peut être comparée à

---

(1) Les peuples ne meurent pas — à proprement parler —, parce
que les individus se perpétuent en se reproduisant; mais les sociétés qu'ils forment peuvent disparaître (lorsqu'elles ne sont plus
adaptées aux conditions du milieu), en laissant seulement des traces
plus ou moins appréciables, plus ou moins profondes.

(2) Il y aurait lieu d'écrire une pathologie, une hygiène et une
thérapeutique des peuples — et aussi des sociétés —, ou même une
médecine complète de cet ensemble coordonné qu'on nomme « une
société ». Ce travail a déjà été ébauché par quelques auteurs.

un mouvement oscillatoire, ou encore à un mouvement sinusoïdal ou hélicoïdal. Comme le pendule qui oscille, les peuples s'éloignent d'une position moyenne, pour s'en rapprocher ensuite, puis s'en éloigner encore, et ainsi de suite, indéfiniment. Chaque mouvement dans un sens donné peut embrasser une période plus ou moins longue. Comme la sinusoïde, la route suivie par les peuples présente des maxima et des minima, des hauts et des bas, sans que la position moyenne autour de laquelle le mouvement conduit varie beaucoup. (L'évolution paraît tantôt progressive, tantôt régressive). Si l'on décrit une courbe en reliant tous les points qui, sur les courbes ascendantes et descendantes, sont à égale distance du point maximum et du point minimum de chacune, on obtient une ligne ascendante, semble-t-il, mais dont l'ascension est peu rapide.

Si l'on décrit la courbe ascendante qui correspond à la marche de l'intelligence ou du savoir, on la voit monter assez vite. Si l'on décrit la courbe qui correspond à la marche des idées morales et des sentiments, l'ascension se fait lentement (si même elle se fait).

L'intelligence monte, se développe, elle montre une action de plus en plus puissante, mais elle néglige parfois d'agir sur les sentiments, quand il serait le plus nécessaire qu'elle le fît. C'est, en particulier, pour montrer comment on devrait faire agir l'intelligence sur les passions ou les sentiments, comment on devrait soumettre rigoureusement ceux-ci à celle-là, que ce travail a été écrit.

La marche des passions et de leurs effets suit son mouvement oscillatoire ou sinusoïdal : après s'être perdues dans les exagérations, les passions reviendront à la position moyenne, lorsque l'intelligence régulatrice aura agi, lorsqu'elle aura mis un obstacle au débordement. Efforçons-nous de faire agir au plus tôt l'intelligence régulatrice. Les clartés qu'elle nous a données déjà, elle est prête à les donner encore, à les donner toujours : sa lumière a disparu, mais ce n'est que pour un temps. — Le soleil n'est pas éteint, parce que le nuage qui passe l'empêche de verser jusqu'à nous sa lumière ; l'astre qui l'éclipse pour nous ne fait que passer dans le champ du ciel. Le soleil n'a pas à renaître : il suffit que les voiles tombent, pour que sa chaleur et sa lumière bienfaisantes nous soient rendues.

Les convulsions humaines, même lorsqu'elles agitent tout un peuple, ne peuvent déranger l'ordre de la nature. Elles sont, pour le monde qui nous entoure, comme si elles n'étaient pas (1). Les lois

---

(1) On ne veut pas dire par là qu'il y a des effets qui se perdent totalement, de l'énergie qui se perd. Non, un effet est suivi sans fin d'autres effets, qui en dérivent; mais l'effet primitif peut disparaître, peut perdre la forme sous laquelle il est apparent, pour fournir des effets dont la forme sera moins facilement perceptible. Dans la *compensation* des effets en général, il n'y a pas perte d'énergie, mais seulement transformation. Deux ondes peuvent s'interférer sans que l'énergie se perde; deux corps pourvus d'un mouvement de translation peuvent se choquer et s'arrêter, sans que l'énergie se perde, puisqu'on la retrouve sous la forme de chaleur. Les agitations humaines concourent à l'augmentation de *l'entropie* et à la *dégradation de l'énergie*, qui rendront la terre

qui commandent à tout continuent leur action incessante : la matière et l'énergie se transforment toujours de même ; notre terre continue sa course au milieu des terres du ciel ; la vie continue à parcourir sans trouble son cycle : elle appelle la vie, qui appelle la mort. La pensée humaine seule est troublée ; mais cela suffit pour nous créer un devoir. Hommes nous sommes, et rien de ce qui est humain ne doit nous rester étranger. Hommes fragiles et passants d'un jour sur cette terre, nous devons, pendant notre court passage, nous intéresser aux choses de notre patrie, la France, et de la plus grande patrie, l'humanité, que la France doit éclairer : nous devons employer nos forces à rétablir l'équilibre que la machine sociale a perdu. Et, lorsque nous aurons réussi la grande tâche, l'extinction de la discorde, chacun de nous, tranquille, retournera semer dans le champ d'activité qu'il a choisi le bon grain des moissons futures, pour que se réalise, dans

---

et l'univers inhabitables à l'homme (à moins que, contrairement à ce qu'on admet aujourd'hui, la dégradation de l'énergie ne soit pas une chose nécessaire, nécessaire de nécessité absolue, et que l'homme — aidé par la nature — puisse arriver à la combattre).

La matière et l'énergie ne se perdent pas ; mais il y a des formes usées de la matière, les matières usées, et une forme usée (ou des formes usées) de l'énergie, la chaleur. La matière et l'énergie usées peuvent encore servir partiellement à l'usage ultérieur — si l'on peut ainsi parler — ; mais elles ont pris la forme dispersée peu utilisable, l'énergie, en se dispersant sous forme de chaleur dans les corps, dans l'atmosphère et dans l'éther qui nous entoure, la matière, en se dispersant dans les fleuves et dans la mer, d'où les richesses minérales ne reviennent pas. L'humanité pourra finir ainsi, faute de matière utilisable, ou faute d'énergie utilisable.

la France et dans l'humanité, la belle vision du
poète :

Temps futurs! vision sublime!
Les peuples sont hors de l'abîme.
Le désert morne est traversé.
Après les sables, la pelouse;
Et la terre est comme une épouse,
Et l'homme est comme un fiancé!

Dès à présent l'œil qui s'élève
Voit distinctement ce beau rêve
Qui sera le réel un jour;
Car Dieu dénoûra toute chaîne,
Car le passé s'appelle haine
Et l'avenir se nomme amour!

Dès à présent dans nos misères
Germe l'hymen des peuples frères;
Volant sur nos sombres rameaux,
Comme un frelon que l'aube éveille,
Le progrès, ténébreuse abeille,
Fait du bonheur avec nos maux.

Oh! voyez! la nuit se dissipe.
Sur le monde qui s'émancipe,
Oubliant Césars et Capets,
Et sur les nations nubiles,
S'ouvrent dans l'azur, immobiles,
Les vastes ailes de la paix!

O libre France enfin surgie!
O robe blanche après l'orgie!
O triomphe après les douleurs!
Le travail bruit dans les forges,
Le ciel rit, et les rouges-gorges
Chantent dans l'aubépine en fleurs!

La rouille mord les hallebardes.
De vos canons, de vos bombardes,

Il ne reste pas un morceau
Qui soit assez grand, capitaines,
Pour qu'on puisse prendre aux fontaines
De quoi faire boire un oiseau.

Les rancunes sont effacées;
Tous les cœurs, toutes les pensées,
Qu'anime le même dessein,
Ne font plus qu'un faisceau superbe ;
Dieu prend pour lier cette gerbe
La vieille corde du tocsin.

Au fond des cieux un point scintille.
Regardez, il grandit, il brille,
Il approche, énorme et vermeil.
O République universelle,
Tu n'es encore que l'étincelle,
Demain tu seras le soleil.

TABLE DES MATIÈRES